# 流量大师

## 短视频流量密码

华红兵 著

中国出版集团有限公司
研究出版社

**图书在版编目（CIP）数据**

流量大师 : 短视频流量密码 / 华红兵著 . -- 北京 : 研究出版社， 2025. 3. -- ISBN 978-7-5199-1826-2

Ⅰ . F713.365.2

中国国家版本馆 CIP 数据核字第 2025GA1523 号

出 品 人：陈建军
出版统筹：丁　波
责任编辑：张　琨
营销编辑：毛　欣
责任校对：林　娜
责任印制：王宏鑫

**流量大师：短视频流量密码**

LIULIANG DASHI: DUANSHIPIN LIULIANG MIMA

华红兵　著

研究出版社 出版发行

（100006　北京市东城区灯市口大街 100 号华腾商务楼）

北京新华印刷有限公司印刷　新华书店经销

2025 年 3 月第 1 版　2025 年 3 月第 1 次印刷

开本：710 毫米 × 1000 毫米　1/16　印张：15

字数：145 千字

ISBN 978-7-5199-1826-2　定价：59.80 元

电话：010-64217619　64217652（发行部）

# 致读者的一封信

亲爱的读者朋友：

你好！

当你翻开《流量大师：短视频流量密码》这本书时，便开启了一段非凡的探索之旅。在这段旅途中，我们将共同探究如何从平凡走向卓越，在新媒体领域中脱颖而出；如何通过掌握规律、提炼方法，在瞬息万变的新媒体世界中赢得一席之地。

我是华红兵，一名专注于移动营销的专家兼资深品牌营销顾问。多年来，我不仅深入研究移动营销理论，更积累了丰富的实践经验。我的著作《移动营销管理》被誉为这一领域的“奠基之作”，它承载着我对移动营销行业的深刻洞察和多年积累的经验，引领许多人踏入这个充满机遇的领域。

在这个“流量为王”的时代，我有幸见证并参与了许多次令人惊叹的流量奇迹。自2022年起，我的短视频作品在网络平台上迅速走红，短短两年间就实现了惊人的300亿浏览量。这辉煌的成绩背后，是在科学理论指导下的无数次实践，每一个爆款视频都是对用户心理、市场需求以及传播规律的深入理解后的结晶。

站在新的起点上，我愿意将这些年所积累的经验和心得毫无保留地分享给你——那些隐藏于成功背后的流量密码。真正的流量密码远不止于技巧与策略，它更源于一颗真诚对待内容创作的心；它需要我们用辩证思想看待问题，在复杂多变的环境中保持清醒；与此同时，创作者需要构建三维立体的内容体系，遵循运营逻辑，甚至有意识地在作品中融入生活的多彩元素。

《流量大师：短视频流量密码》凝聚了我的心血，也是我对每一位渴望成长、追求梦想的短视频创作者的诚挚邀请。愿你能够从中找到属于自己的流量之路，让我们携手创造无限可能！

此致

敬礼！

华红兵

2024年12月5日

# 目录

CONTENTS

# 第一章 逻辑清晰，脉络分明

短视频的底层逻辑在于高效传递信息并即时满足用户需求。它利用碎片化时间，通过简短、直观的内容吸引观众注意力，契合现代快节奏生活。算法推荐系统根据用户偏好精准推送个性化内容，增强用户黏性与互动。短视频平台也降低了创作门槛，鼓励全民参与，形成丰富多元的内容生态。同时，短视频融合娱乐、教育、广告等多种功能，不仅为用户提供休闲娱乐，也成为品牌营销和知识传播的有效工具。这种模式成功地将内容消费转变为一种社交体验，推动了互联网内容产业的发展。

短视频作为一种新兴的媒体形式，自21世纪初开始兴起，在近十年间迅速成长为全球范围内广受欢迎的内容消费方式之一。最初，短视频主要通过社交媒体平台分享生活片段或娱乐内容，但随着技术的发展和用户需求的增长，它已经扩展到了教育、新闻报道、广告营销等多个领域。短视频的特点是时长短（通常不超过几分钟），易于制作与分享，能够快速吸引观众注意力，满足现代人碎片化时间内的信息获取需求。

短视频是移动互联网时代的一大亮点，其成功背后的核心逻辑在于精准捕捉用户的痛点、满足刚性需求、保持高频次互动以及占据特定的利基市场。这意味着短视频平台需要提供能够解决用户实际问题、触及他们内心需求的内容。这些内容应当反映日常生活中常见的场景（高频），确保与观众的生活紧密相连，并且能够满足他们的基本需求。通过这样的底层逻辑，短视频构建了一个既富有吸引力又可持续发展的生态系统。

制定短视频流量获取的策略规划，并非一个自上而下的机械式设计过程，要求每一步都严格按照计划执行；相反，它需要企业、团队、超级用户以及自媒体人等多方合作伙伴共同参与，深入探讨其核心逻辑。这一过程始于对用户痛点的精准识别，然后围绕这些痛点开发出满足用户刚性需求的内容。理想的短视频内容应当反映日常生活中频繁出现的场景，确保与观众的生活息息相关。更重要的是，成功的短视频不仅能够解决用户的问题，还需同时为创作者、企业和第三方创造价值，形成一个各方都能从中受益的价值链。

简而言之，一条优质的短视频必须具备以下特点：直接解决用户的实际问题，满足他们的基本需求，适用于日常生活中的常见情境，并且能够促进整个生态系统中所有参与者之间的价值共享。通过这样的方法论指导，短视频不仅能吸引并留住用户，还能构建起一个健康、可持续发展的市场环境。

## |第一节　痛点|

# 聆听用户心声，解决实际问题

痛点是指用户对内容的期望与实际体验之间存在的差距所引发的一种“不适”或“不满”。当用户的期待未能得到满足时，这种落差会转化为一种明显的不愉快感。差距越大，用户痛点就越深，其不满情绪也就越强烈。

深入研究用户痛点对于短视频内容的开发与设计至关重要，它能够帮助创作者更精准地定位目标受众，并提供真正符合他们需求的内容。在产品或服务的开发过程中，识别并解决这些痛点是至关重要的一步。这不仅意味着要找到那些被大多数用户反复提及且亟待解决的问题，还要求创作者能够深刻理解这些问题背后的原因和动机。通过这种方式，短视频可以更好地满足观众的实际需求，从而提高用户的满意度和忠诚度。

此外，从商业角度来看，准确把握用户痛点还能为企业带来竞争优势。当一个短视频平台能够持续提供高质量、有针对性的内容时，它就能够在激烈的市场竞争中脱颖而出，吸引更多的用户关注和参与。因此，可以说，对用户痛点的理解和解决是一切成功的产品或服务的基础，也是短视频领域取得长期成功的关键所在。通过不断优化用户体验，短视频平台不仅能够赢得用户的心，还能建立起强大的品牌影响力。

## 视频文案：国家高度重视，江西将要崛起

江西必将成为下一个崛起的省份，为什么？因为国家对江西的战略定位和期望值都很高。国务院批复支持江西建设1个特大城市、6个大城市。这不仅是对南昌、赣州和吉安3个城市提出了明确要求，而且还为江西其他城市，比如，九江、上饶、抚州、宜春等地提供了明确方向。现在江西已经有了好几个国家高新开发区，还有10余个国家级开发区，5个综合保税区，9个跨境电商试验区，江西还是国内第三个内陆开放型经济试验区。不仅如此，现在耗资3000多亿打造的世界最长运河——浙赣粤大运河一旦修成，将堪比京杭大运河，完全打开交通。由此可见，江西未来的经济发展不知道会有多大能量，江西未来真的可期。

（发布于视频号：华红兵营销策划）

## 【视频解析】

该视频于2024年10月发布，迅速在全网获得了超过1000万的流量。江西在网络中的提及频率较高，这符合短视频移动营销中的高频条件。然而，江西被频繁提及的原因主要是其周

边地区的快速发展势头，相比之下，江西的发展显得稍逊一筹。因此，江西相对薄弱的经济实力成了当地用户的一大痛点，这也恰好满足了短视频营销中对于解决用户痛点的需求。

视频提出了“江西即将崛起”的观点，这一论断不仅反映了江西的发展需求，也触动了江西用户对家乡未来的期望和憧憬，从而满足了刚需条件。自发布以来，该视频受到了广泛的好评与认可，在视频号平台上更是取得了点赞、转发、推荐均超过 10 万次的好成绩，成为一个真正的爆款内容，充分体现了其在特定市场中的利基效应。

由此可见，一条优质的短视频要想获得超高流量并成为爆款，必须同时满足底层逻辑中的四个关键要素：精准捕捉用户的痛点、满足刚性需求、保持高频次互动以及占据特定的市场利基。本案例中的视频正是因为考虑到这些关键要素，成功吸引了大量关注并赢得了广泛赞誉。

## 视频文案：1000 年前最繁华的是开封

开封，开封，一个被誉为“八朝古都”的城市，今天它连河南省省会都不是，它只是一个默默无闻的三线城市，但这个城市你知道它曾经有多辉煌吗？清明上河图描述的就是开封，当时汴河两岸的繁荣景象，中国历史上最兴盛的王朝之一——北宋，首都就是开封，史称汴梁。

法国有个著名历史学家叫布罗代尔，他在《文明史》中说，宋朝不灭亡的话，具备优于今天西方国家所有进化的潜力，它被西方国家称为中国历史上最伟大的王朝之一。而北宋的都城就是开封，我们看看它当时有多强大：

第一，宋朝的年财政收入是1.6亿万贯，而唐朝前期的财政收入才3500万贯，它几乎是唐朝前期的4倍，可见宋朝经济有多繁荣。

第二，宋朝是真正藏富于民的时代，百姓的幸福指数相当高。在宋朝，民众从出生到死亡都能享受到国家的福利政策。福利院和养老院的建立使得民众实现了幼有所教，老有所养。

第三，在宋朝，民间贸易非常繁荣。宋朝的GDP人均达到了450美元，你知道宋朝有多厉害？它大搞对外贸易，它圈定了5个城市进行对外开放。哪像后来的清朝呢？只有一个城市对外开放是广州。所以丝绸之路非常繁荣。

第四，文化与科技。宋朝是中国诗词的又一高峰，一个又一个巨匠在宋朝诞生。像苏轼、李清照、辛弃疾、欧阳修、范仲淹等。宋朝的科学成就斐然。毕昇的活字印刷术，大幅提升了书籍印刷的效率；指南针也是宋朝科技的瑰宝；从宋朝开始，火药被广泛应用于军事领域，使得宋朝军力得以增强。你看，中国现代咱们的造船业世界第一，也是继承了宋朝擅长造船的传统。

宋朝还是发明美食的地方，开封是河南菜真正的发源地，像咱们今天所熟知的灌汤包、东坡肉，甚至开封菜后来都传到了杭州。今天的杭州菜一半以上其实都是开封菜。假设没有后来元朝的强势崛起，开封要是到今天绝对是超过美国的纽约，所以我始终觉得河南是一个旅游大省。

你看着吧，河南将是下一个旅游胜地。2025 年的河南旅游将会特别热，人们终会发现原来河南有这么多名胜古迹，我们每个中国人都应该去看一下。尘封历史打开的地方叫“大美开封”。

（发布于视频号：华红兵移动营销）

## 【视频解析】

该视频于 2024 年 11 月发布，迅速在全网获得了超过 1100 万的流量。视频以一句简洁有力的话开场：“今天它连河南省省会都不是，它只是一个默默无闻的三线城市。”这句话直接触及了开封当前地位与辉煌历史之间的巨大反差，直击观众的心灵痛点。开封，这座曾经在 1000 年前繁华至极的城市，如今却显得相对低调，这种对比让许多河南人民，尤其是开封本地人深感共鸣。

视频通过丰富的史料和生动的叙述，从多个角度展示了古代开封的辉煌。作者介绍了开封在经济贸易、诗歌文化、科技发展以及美食等方面的成就，向观众描绘了一个千年之前国际大都市的景象。这些内容不仅唤起了人们对这座城市悠久历史的记忆，也激发了对开封未来发展的期待。

视频通过对开封过去辉煌的回顾，成功地触动了观众的情感，引发了强烈的共鸣。这种情感上的连接使视频迅速走红，收获了大量的点赞、转发和评论。特别是在河南地区，尤其是开封本地，视频受到了极大的关注和支持。观众们纷纷表达对自己家乡深厚历史文化的自豪感，同时也对未来的发展充满了希望。这段视频不仅成了一次成功的文化传播案例，还证明了通过精准捕捉用户痛点，并结合高质量的内容制作，短视频可以有效地吸引大量关注，成为真正的爆款。

## | 第二节　刚需 |
## 把握生活必需，激发价值需求

短视频的核心并不在于创造新的需求，而是在于从已有的需求中发现并满足那些最迫切、最基础的需求——刚需。需求本身是客观存在的，它们源于人们的生活习惯、文化背景和社会环境，而不能被人为地创造出来。然而，通过深入研究和洞察，我们可以识别出哪些需求是用户生活中不可或缺的，这些需求即使在价格波动的情况下也相对稳定，这就是所谓的刚性需求（Rigid Demand）。

刚性需求的特点在于其对价格变化的敏感度较低，无论市场价格如何变动，这类需求都会持续存在。例如，对于信息获取、娱乐消遣以及情感交流等，用户总是有着不变的基本需求。短视频平台通过精准定位这些刚性需求，能够更有效地吸引和留住用户。创作者们通过提供高质量的内容来满足用户的这些基本需求，从而建立起稳定的观众群体，并获得持续的关注和支持。

此外，虽然需求本身不可创造，但通过创新的方式可以激发或强化某些潜在的刚性需求。比如，通过引入新颖的互动形式、提供更加个性化的内容推荐或者优化用户体验，短视频平台可以让用户更加依赖这种媒介，进而形成一种新的“刚需”。总之，成功的短视频创作者不仅需要深刻理解用户现有的需求，还需要具备一定的创新能力，以不断适应和引领用户的需求变化。

### 视频文案：为什么越来越多人去云南定居？

云南已经成为中国人的第二个家。为什么越来越多的人愿意去云南定居？首先，毋庸置疑的是云南得天独厚的气候和地理条件，云南基本属于亚热带，每年的平均气温为20℃，全年不用空调。这块神奇的土地，地貌多样，资源丰富，风光绚丽，历史文化还很悠久。

云南有著名的普洱茶和种类繁多的野生菌，一到夏天，各种新鲜的野生菌下山了；云南还有6000多种中草药，占全中国的51%。所以您老了，需要吃点中草药就在云南就地吃了。而且云南的慢生活节奏会给人一种松弛感。

有一种生活人人想过，叫“云南生活”。

（发布于视频号：华红兵谈大运河）

## 【视频解析】

该视频于2024年11月发布，迅速在全网获得了超过1100万的流量。视频开篇便以一句深情的感慨“云南已经成为中国人的第二个家”吸引了观众的注意力，激发了他们继续观看的兴趣。这句话不仅勾起了人们对美好生活的向往，也直接点明了视频的主题——云南为何成为越来越多人的理想居住地。

视频通过三个主要方面详细阐述了云南的魅力所在：气候条件、地理条件和资源条件。首先，云南以其温和宜人的气候著称，四季如春、阳光充足、空气清新，为居民提供了舒适的生活环境。其次，云南地处中国西南边陲，拥有丰富的自然资源和多样的地貌，从雪山到热带雨林，从高原湖泊到峡谷瀑布，每一处风景都令人赞叹不已。最后，云南还以丰富的物产和美食闻名，无论是普洱茶还是独具特色的民族风味菜肴，都能满足人们对美食的追求。

作者通过呈现云南的独特优势，让观众深刻感受到云南作为理想居住地的吸引力。视频不仅引发了广大用户对云南地区的无限向往，也让许多人心生移居云南的念头。这种情感上的共鸣使视频迅速走红，成了真正的爆款内容，同时也促进了云南旅游业和房地产市场的发展。

## |第三节　高频|
## 日常反复使用，构建习惯力量

在短视频移动营销中，“高频”是一个关键概念，指的是短视频内容或主题被用户频繁提及或使用的概率较高。高频内容能够持续吸引用户的注意力，并在短时间内形成强大的影响力。通过高频内容的发布，品牌和创作者可以建立稳定的观众基础，提高用户黏性，从而实现更有效的传播和营销效果。具体来说，高频可以分为以下四种类型：

**高频产品：**这类产品通常是用户日常生活中不可或缺的物品，如食品、日用品等。短视频可以通过展示这些产品的使用场景、制作过程或用户评价，增加其曝光率和吸引力。

**高频服务：**指那些用户经常需要的服务，如餐饮外卖、交通出行等。短视频可以展示服务的实际体验、优惠活动或用户故事，增强用户的信任感和使用意愿。

**高频市场：** 指用户活跃度高、需求量大的市场领域，如旅游、教育、娱乐等。可以围绕这些领域的热点话题、实用信息或趣味内容等进行短视频创作，吸引大量目标受众。

**高频交易：** 指用户购买频率较高的商品或服务，如快消品、线上课程等。短视频可以通过促销活动、限时折扣等方式，刺激用户的购买欲望，提高转化率。

在短视频移动营销的词典里，短视频的高频特性可以通过上述四种类型来体现，帮助品牌和创作者在竞争激烈的市场中脱颖而出，实现更高效的传播和营销目标。

## 视频文案：常吃10种健康菜，活到120岁

我最爱吃10种有机的健康食物，活到120岁都不成问题。排名第一的是山药，因为山药中含有一种黏性蛋白，它吃到肚子里能保护我们的胃肠道，让我们增强胃肠动力。所以，经常吃山药的人不怎么容易犯病。第二是菠菜，我们身体中缺乏的叶酸就是这些绿色蔬菜里边才有的。第三是南瓜，南瓜富含纤维素，它能帮助我们的胃肠道蠕动，增强我们的新陈代谢。第四是燕麦，第五是银耳，燕麦和银耳都含有一种特殊的蛋白质，对我们身体特别有好处。第六是芝麻，因为芝麻含有亚油酸，别小看芝麻，小小芝麻有的时候真能解

决大问题。第七是海带，因为海带含有多种矿物质和膳食纤维。第八是紫菜，多喝点紫菜汤。为什么呢？它含有多种矿物质、维生素和蛋白质，能调节胃肠道。第九是红薯，我们都知道红薯中含有抗癌物质。各位可能还不知道红薯是能美容养颜的，红薯中含有一种类似雌性激素的物质，具有润肤、防皱、美容养颜的功能。最后一个是豆腐，因为未来一定会以豆代肉，少吃肉多吃豆。当然了，我所说的以上食物您最好亲自试试，吃完这些半年以后去做体检，会不会您的所有的体检指标都正常了呢？让我们一起把身体弄得棒棒的，不去医院，你一定能做到！

（发布于视频号：华红兵营销智慧）

**【视频解析】**

该视频于2024年8月发布，迅速在全网获得了超过1100万的流量。衣、食、住、行是人们最基本的生活需求，在日常生活中被频繁提及。视频围绕“吃什么食物最健康”这一话题展开，详细介绍了10种在互联网上被广泛讨论和推荐的健康食物。

这一视频不仅为用户提供了一种科学、健康的饮食方法，还通过反复提及这些高频食物的名称，强化用户的记忆，构建了集体记忆。例如，视频中提到的山药、菠菜、燕麦、银耳等，都是营养丰富且广受认可的健康选择。通过介绍这些食物的营养价值、食用方法以及它们对身体的具体益处，不仅传递了实用的健康知识，还激发了用户对健康生活方式的兴趣和追求。

该视频通过聚焦高频出现的健康食物，不仅满足了用户对健康饮食的需求，还通过反复强调这些食物的名称，强化了用户的记忆，形成了共同的认知。这种策略有效地提升了视频的传播效果，使其成为一个现象级的爆款作品。

## |第四节　利基|
## 聚焦细分市场，打造独特优势

在短视频移动营销的底层逻辑中，利基（Niche）是指在一个特定的细分市场中，通过精准定位和满足特定用户群体的需求，建立起一种多方共赢的生态系统。具体来说，利基市场通常具有以下几个特点。

**精准定位：**利基市场专注于某一特定的用户群体，这些用户有着明确且独特的需求。例如，在健康饮食领域，可以专门针对素食主义者、健身爱好者或有特殊饮食需求的人群进行精准定位。

**高价值内容：**在短视频中，利基内容需要提供高质量、有价值的信息或娱乐，以满足特定用户群体的需求。这包括专业的健身指导、详细的食谱分享或独特的文化体验。

**利益对称：**利基策略不仅关注用户的需求，还强调各方参与者之间的利益平衡。创作者、平台、广告商和用户之间形成一个互惠互利的关系。例如，创作者通过优质内容吸引粉丝，平台通过流量变现，广告商通过精准投放获得回报，用户则获得所需的信息或娱乐。

**生态互动：**利基市场的成功依赖于各方的紧密合作和互动。创作者与用户之间的互动可以增强用户黏性，平台提供的工具和服务可以提升内容质量，广告商的支持可以为创作者提供更多资源。这种互动形成一个良性循环，推动整个生态系统的持续发展。

**长期价值：**利基市场往往更注重长期价值而非短期收益。通过持续提供高质量的内容和服务，创作者和平台可以建立起忠实的用户群体，从而实现稳定的增长和盈利。

总之，利基在短视频移动营销中的应用，不仅能帮助创作者和品牌精准定位目标受众，还能通过构建多方共赢的生态系统，实现可持续的发展。这种策略使短视频内容更具针对性和吸引力，同时也能为各方参与者带来实际的利益。

## 视频文案：成功人士是如何为人处世的

我服务的都是顶级企业，人生太幸运了，所以当你跟顶级的人在一起时，你得培养出顶级的思考方式。我没想到闫希军是这样解决我的离职问题的：为了让我开心，他心中一直记得那0.5%的股份是他欠我的。他把人力资源总监叫来问，你跟华老师的账结清了吗？总监回答说全部结清，财务审计所有的部分都结完了，连他自己用过的纸张都打包了。这个总监想证明他的工作做得有多好。老板当时很生气，面带怒色地问了他一句话，他用过的那辆奥迪车呢？总监说奥迪车是公司买的，就留下来了。闫希军说你觉得一个人，他来的时候是新奥迪，他用了一年半，这个车给谁？用脑袋瓜子想没想过这个问题？这个车卖出去不值钱，给公司哪一个副总裁使用？都有车。你说就老华这个人天天在里边抽烟，这个车里面烟味那么大，你这个车放到公司行不行？给谁用？你怎么不动脑筋呢？把他训了一通。当时我也傻眼了，训他是啥意思呢？我后来才明白，他是一再启发这个人力资源总监怎么处理。人力资源总监说，咱是上市公司，每一项资产的处理都必须有法定程序，不能说随便把这车送给别人的。他意识到老板想把这个车给我，但在2001年，奥迪还是很厉害的，我的奥迪是进口A4，当时买花了五六十万。所以在闫希军的训导下，人力资源总监说，那咋办？最后老板开了句玩笑说老华用过的车我们不能用。语言的水平太高了。

（发布于视频号：华红兵营销策划）

**【视频解析】**

该视频于2023年8月发布，迅速在全网获得了超过400万的流量。这则视频是作者线下授课时的一个片段剪辑，主要讲述了作者离职后，老板将一辆豪车分给他的故事。这个故事不仅展示了成功人士的大格局和慷慨胸怀，还通过具体的情节传递了深刻的人生哲理。

因为视频讲述的是作者的亲身经历，真实可信，所以视频容易引发观众的广泛共鸣和热烈讨论。企业家在员工离职时展现出的胸怀和格局，更是令人钦佩。

视频全程展现了利基新战略的应用。首先，它为创作者带来了显著的个人收益，通过分享真实的故事和经验，作者建立了自己的个人品牌，吸引了大量关注。同时，视频也为用户提供了价值，通过讲述这样一个感人的故事，激发了观众的情感共鸣，并传递了积极的价值观。

需要注意的是，在短视频移动营销中，没有实际需求的痛点被称为“伪痛点”，而没有痛点的需求不会高频发生。成功的短视频内容必须能够解决用户的真实问题或满足他们的刚性需求。此外，没有价值或利益驱动的内容很难成为爆款视频。只有当内容能够为用户提供实际价值，同时也能为创作者带来收益时，才能真正吸引并留住观众，实现持续的成功。

总之，这则视频通过一个真实而感人的故事，不仅展示了成功人士的大格局，还巧妙地结合了利基新战略，实现了创作者与用户的双赢。这种内容不仅具有高度的传播力，还能够深入人心，成为真正的爆款视频。

# 第二章 痛点直击，共鸣心声

抓住用户的痛点是创作优质短视频的关键，因为它直接关系到内容的相关性和吸引力。深刻理解用户需求和困扰，创作者才可以提供针对性解决方案或共鸣点，迅速建立情感连接，增加观众的认同感和忠诚度。当视频精准触达用户痛点时，将激发用户更强的分享欲，扩大传播范围。同时，解决痛点的内容往往更具实用性，无论是娱乐放松还是学习新知。这不仅提升了用户观看短视频的体验，还能增强平台互动性，促进用户长期留存，最终助力创作者在竞争激烈的短视频领域脱颖而出。

移动营销时代下的短视频需要以竞品分析为中心，以竞争对手、用户分析为参考，运用大数据与跨界思维，最终生产出解决问题的内容。首先，竞品分析是整个策略的基础。通过对竞争对手的视频内容、风格、互动方式等进行深入研究，创作者可以清晰地识别出市场上的主流趋势和潜在机会。这一步骤包括对竞品的优势和劣势进行全面评估，从而为自身内容的定位提供参考。例如，如果发现某个竞品在某一特定领域表现突出，那么创作者可以考虑如何在该领域进行差异化竞争，或者找到尚未被充分开发的细分市场。

其次，用户分析同样至关重要。通过大数据技术的应用，创作者可以收集并分析用户的观看习惯、兴趣偏好以及反馈意见，从而更精准地把握用户需求。这种数据驱动的方法能够帮助创作者制作出更加贴近用户期待的内容，增强用户黏性和满意度。

此外，跨界思维的应用也是不可或缺的一环。短视频平台上的内容形式多样，创作者可以通过借鉴其他领域的成功案例，引入新的创意和元素，使自己的作品更具吸引力。例如，将教育与娱乐相结合，或是在生活方式类视频中加入科技元素，都能为内容带来新的活力。

通过系统的竞品分析、用户分析、大数据技术应用和跨界思维等方法，短视频创作者可以生产出高质量、高价值的内容，从而在激烈的市场竞争中脱颖而出，实现持续的成功。

## 第一节

# 定义痛点，探索四大维度

痛点是指用户对内容的期望值与实际体验之间的差距所引发的一种“痛”。这种落差越大，用户的痛点就越明显。痛点与需求的区别在于，需求是用户希望满足的欲望或目标，而痛点则是导致这些欲望无法得到满足的原因。例如，饥饿是一种痛点，而吃饭则是为了解决这一痛点的需求。

在短视频移动营销中，对痛点的分析是竞品分析的第一步。通过深入了解用户在使用现有产品或服务时遇到的问题，创作者可以找到真正的市场需求。这些痛点可能包括功能上的不足、用户体验不佳，或是情感上的缺失等。例如，用户可能对某个视频平台的内容质量不满意，或者觉得某个应用程序的操作界面不够方便。具体来说，痛点分析可以帮助创作者识别出以下几个方面的问题：

**功能不足：**用户可能需要某些特定的功能，但现有的产品或服务未能提供。例如，用户希望在短视频平台上看到更多专业领域的知识分享，但目前的内容多为娱乐性质。

**用户体验不佳：**用户在使用过程中可能会遇到各种不便，如加载速度慢、操作复杂等。这些问题会直接影响用户的满意度和留存率。

**情感缺失：**用户可能在情感上没有得到充分的满足，比如缺乏共鸣、互动不足等。情感上的连接对于建立用户忠诚度至关重要。

通过对这些痛点的深入分析，创作者可以有针对性地改进自己的内容，提供更符合用户期望的产品或服务。只有真正解决了用户的痛点，短视频内容才能获得广泛的认可和传播，从而在竞争激烈的市场中脱颖而出。总之，痛点分析是竞品分析的重要组成部分，它帮助创作者发现并解决用户的真实问题，从而提升用户体验，增强用户黏性，并最终实现内容的成功传播。

## 痛点的四个维度

尽管每一个短视频内容都是为了解决用户的痛点而存在，但并不是每一个痛点都适合通过短视频来解决。许多痛点实际上是一连串复杂的问题，而不是单一的点。为了精准地找到这些痛点，创作者需要从以下四个维度进行研究。

**用户期望值痛点：**了解用户对内容的期望与实际体验之间的差距。

**用户行为痛点：**分析用户在使用产品或服务时的具体行为障碍。

**竞争对手痛点：**识别竞争对手在内容和服务上的不足之处。

**企业核心能力痛点：**评估自身在内容创作和技术支持方面的优势和劣势。

通过这四个维度的综合分析，创作者可以更准确地定位痛点，并制定出有效的解决方案，从而创作出真正满足用户需求的短视频内容。

## 视频文案：治疗抑郁症最好的地方，云南

你知道吗？大多数云南人没有抑郁和焦虑，云南是抑郁症患病率最低的省份之一。为什么云南的抑郁症患病率最低？有三个原因：

第一，这个地方是逢节都过，他们的快乐是每天的快乐。像火把节、泼水节等，这儿的节都过不完，每过一个节，人就会把情绪通过节日释放出来。

第二，云南人特别爱吃野生菌，而野生菌是中国食物中最顶端的存在，牛肝菌、干巴菌、羊肚菌等。云南人“宁肯眼睛瞎，不肯嘴放塌”，他就是宁肯把眼睛吃瞎了，也要吃野生菌。野生菌是大自然带给我们最好的、最生态的礼物之一。

第三，这个地方有好山、好水、好空气。你知道整个云南，尤其是昆明的海拔在 1500 ~ 2000 米，这个海拔既避免了低海拔地区的湿气和瘴气，又不是特别高，氧气并不稀薄。云南这个地方负离子含量特别高。连红嘴鸥这种比较挑剔的

动物，都飞了3000公里来昆明过冬。

随着经济的蓬勃发展，人民的收入水平显著提高。然而，许多人的幸福感并未随之同步增长。这几年抑郁症和焦虑症太多了，如果你也觉得不开心，那你就跟我一起来云南好了。到云南来，把抑郁和焦虑放下，让我们一起朝快乐出发。

（发布于视频号：华红兵谈大运河）

**【视频解析】**

该视频于2024年8月发布，迅速在全网获得了超过2000万的流量。近年来，由于社会和经济多方面的压力，越来越多的年轻人出现抑郁和焦虑，这种负面情绪逐渐成为广大用户的一个痛点。作者敏锐地捕捉到了这一现象，并针对这一痛点提出了一个独特的解决方案——治疗抑郁最好的地方在云南。

视频通过三个方面详细论证了云南为何是治疗抑郁症的理想之地：

**民风民俗：**云南以其淳朴友善的民风著称，当地居民热情好客，乐观开朗。视频重点介绍了云南“逢节都过”的传统，在纾解抑郁情绪方面的作用。

**物产资源：**云南不仅风景优美，还拥有丰富的物产资源。当地的特色美食、中草药和“天然疗法”被认为对心理健康有积极影响。视频重点介绍了云南的特色食物野生菌，这种天然食材不仅有益健康，也能从侧面帮助人们缓解抑郁症。

**自然环境：**云南拥有得天独厚的自然风光，从壮丽的雪山到秀美的湖泊，再到郁郁葱葱的森林。这些美丽的自然景观能够让人放松心情、减轻焦虑，让所有人感受到大自然的治愈力量。

视频的角度独特且富有说服力，通过展示云南的独特魅力和治愈能力，成功地吸引了大量观众的关注。这种新颖的视角不仅为观众提供了新的思考方向，也激发了人们对云南的兴趣和向往。这段视频因其深刻的洞察力和高质量的内容成了爆款经典，受到了广泛的好评和传播。

## 视频文案：中国早餐之都——武汉

中国早餐最丰富的城市是哪个？武汉。

在武汉吃早餐，一个月都不会重样，他们叫“过早”。外地人认为武汉人早餐就是吃热干面，其实不是的，武汉人的早餐样式非常丰富。

为什么呢？因为武汉正好处于南北方的中心，它的早餐既有北方早餐的特点，也有南方早餐的韵味。所以说南北方人去到武汉，都能找到各自的最爱。

你今天看到很多大城市的早餐店没有了，那是因为家家户户在自己家里做早餐，没有形成早餐的商业氛围。我觉得在中国，真正形成了浓厚早餐商业氛围的城市只有武汉。如果要让我选择早上在哪里醒来，我愿意选择武汉。

（发布于抖音：华红兵品牌营销）

【视频解析】

该视频于2024年5月发布，迅速在全网获得了超过1100万的流量。每个人每天都需要吃三餐，而早餐作为每天的第一餐，更是“刚需中的刚需”。武汉以其丰富的“早餐文化”在全国闻名，作者称其为“中国早餐之都”并不令人意外。视频的内容角度独特，引得广大用户关注。

视频首先打破了用户对武汉早餐的刻板印象，指出武汉的早餐不仅仅局限于热干面。实际上，武汉的早餐种类繁多，从豆皮、面窝到糯米鸡，每一种都有其独特的风味和制作工艺。接着，作者从地理位置的角度分析了武汉早餐的独特优势。武汉位于中国的中部地区，这里的早餐口味既融合了北方的粗犷，又兼具了南方的细腻，能够满足来自不同地域的人们的口味需求。这种包容性和多样性使武汉的早餐在全国范围内广受欢迎。最后，作者大胆地提出：在中国，真正形成了浓厚早餐商业氛围的城市只有武汉。这一观点，不仅强调了武汉早餐文化的独特性，还突出了其在商业上的成功。武汉的早餐摊点遍布街头巷尾，每天早晨都能看到熙熙攘攘的人群排队购买各种美味早餐，这种景象在全国其他城市中并不多见。

视频通过这些新颖的角度和深入的分析，成功吸引了大量用户的关注。尤其是武汉本地用户，他们对家乡的自豪感被激发出来，纷纷点赞、转发，使这段视频迅速走红，成为一个现象级的爆款视频。这不仅提升了武汉的城市形象，也让更多人了解并喜爱上了这座城市的早餐文化。

研究用户痛点的意义在于使短视频内容的开发与设计更加精准化。在开发产品或服务的过程中，核心目标是识别并解决那些被大多数用户反复提及且亟待解决的问题或愿望。这些痛点反映了用户的真实需求和期望，是产品或服务成功的基础。

通过深入分析用户痛点，创作者可以更准确地定位目标受众，并提供真正符合他们需求的内容。例如，如果用户普遍反映某个领域的信息获取困难，那么创作者就可以制作一系列针对该领域的教育性短视频，帮助用户解决问题。这种以用户为中心的方法不仅能提高内容的相关性和吸引力，还能增强用户的满意度和忠诚度。

总之，痛点是一切产品或服务的基础。只有真正理解并解决用户的痛点，才能创造出有价值、受欢迎的内容，从而在竞争激烈的市场中脱颖而出。

## 视频文案：让哈尔滨火起来的不仅是冰和雪

所谓的南方旅游城市，在今年冬天败给了哈尔滨。哈尔滨居然一夜爆火，元旦假期3天，整个旅游收入接近60亿，刷新了哈尔滨自己的历史记录，也刷新了全国人民的认知。

东北振兴提出了多少年？有20来年了，取得了一些成就，但没有哪个城市火起来。倒是南方的“小土豆”和广西的11个砂糖橘瞬间走红了网络，把整个东北都震惊了，这就是移动互联网的厉害。

我分析主要是三个原因：第一，东北团宠。他们不是说一个人宠，东北这次是异常团结，整个东北都对南方过来的游客很宠爱。你想想看，东北一直是咱们国家传统的重工业区和粮食主产区，这些年来却一直没“火”起来。借助移动互联网，所有东北人都特别珍惜这一次人气。我举几个例子：南方的“小土豆”到达哈尔滨太平机场时，空姐用舞蹈来迎接；整个商场播放交响乐；鄂伦春族带上自己的驯鹿走在大街上和游客互动，这个少数民族上一次带着驯鹿走上大街还是东北抗联时期。就连漠河公安局和电视台都集体迎接那11个广西“砂糖橘”，文旅局更是提前开启直播，近100万人在直播间里等候那11个“砂糖橘”的到来。看着这些欢蹦乱跳的小孩子，南方人见识到了大雪的可爱，我觉得这是一次最南方和最北方之间的大合唱。在这个冰天雪地的日子，东北人以特有的方式给中国人加热。

第二，政通人和。这一次哈尔滨市政府“真金白银”发放了100万消费券，而且推出免费坐地铁政策。比如，你从太阳岛去“冰雪大世界”，地铁是免费的。不仅如此，哈尔滨商务局还提出了提高服务质量的倡议，给所有的出租车重新安装了计价器。服务型政府的转变，一下吸引了全球的眼光。所以，我觉得这次哈尔滨“火”在政通人和，“火”在政府职能的转变。就连外地人去哈尔滨的药店都能够使用异地的医保卡，你看看哈尔滨想得多仔细；就连在哈尔滨市去哪儿喝早茶、吃早点，中午去哪儿吃饭，都给你规划得特别清晰。

哈尔滨这回真的很认真，那为什么呢？第三，哈尔滨和整个东北都需要一次振兴。我一个学生正好在那开饭店，他说他的饭店不仅不涨价，而且还降价。因为这次不仅是饭店迎客的机会，还是整个东北振兴的机会。你看，多么可爱的东北人。你们知道吗？最近10年，整个东北地区流失的人口约为1100万。哈尔滨总共才900多万人口。这个曾经的“共和国长子”，重工业基地，直到今天还在供应着全国的粮食，它扛了几十年。这一次南方“小土豆”们和11个“砂糖橘”的到来，让整个东北异常兴奋，东北人能接得住这波流量吗？这次我们看到异常团结的东北人，真的是接住了这一波流量。

今年的冬天是谁的冬天？我觉得是哈尔滨的冬天，是东北的冬天，这个城市、这片地区细腻、温暖，富有正能量。这次的南北浪漫大融合，是整个北方城市转型为服务型城市的样板。

（发布于抖音：华红兵营销策划）

## 【视频解析】

该视频于2024年1月发布，迅速在全网获得了超过300万的流量。2024年开年最火爆的社会话题之一是“东北冻梨与南方砂糖橘”，这一话题不仅让东北地区重新受到关注，也揭示了东北多年来的一些痛点。作者在视频中提出：东北振兴已经喊了20多年，终于在2024年迎来了更大的机会。

视频通过详细的数据佐证了过去东北地区的人口流失问题，指出大量年轻人和人才外流对当地经济和社会发展造成了严重影响。然而，“砂糖橘”们的到来为东北带来了新的流量和机遇。这些来自南方的游客和投资者不仅带来了经济上的支持，还促进了文化的交流与融合。东北地区的团结一致和热情好客成功接住了这波流量，展示了东北人民的凝聚力和积极向上的精神面貌。

作者在视频中反复强调东北人的热情与团结，这是深入研究东北痛点后发出的肺腑之言。视频不仅吸引了大量东北用户的关注和支持，还赢得了全国各地观众的认可。内容精准推送至东北地区，使整条视频的流量来源更加具体和集中。

掌握用户的痛点能让短视频内容推送更加精准。该视频的成功在于其深刻理解并反映了东北地区的实际情况和需求，从而引发了广泛的情感共鸣。这种精准的内容推送不仅提升了用户的参与度和互动率，还提升了东北地区的形象和影响力，成了一次成功的社会传播案例。

## |第二节|

# 十问痛点，直击核心问题

### 问题一：用户对解决痛点的期待有多强烈？

短视频内容创作者关注用户对解决痛点的期待强度至关重要，因为它直接关系到内容的吸引力和用户的参与度。强烈的期待意味着用户对解决方案有着高度的需求，这会促使他们更积极地观看、分享和互动。理解这一点就可以帮助创作者优先处理那些用户最关注的问题，从而提高内容的影响力和传播效果，最终实现更高的用户满意度和忠诚度。

### 视频文案：最好的医生其实是你自己

全世界最好的医生是你自己。你有没有遇上如下8个好医生：

第一个好医生叫白开水。您是否知道白开水才最营养？体现在0糖0脂0卡。白开水是你身旁最好的饮料，你却要花钱买其他饮料。

第二个好医生是充足的睡眠。爱上一张床，你就能多活好多年。为什么？睡眠就是在修复人的身体。

第三个好医生叫晒太阳。到了冬天，补钙特别重要。天然的“钙片”为啥不用呢？

第四个好医生是经常拿梳子梳头。这招是从哪来的？这招实际上是为了让自己的头发不容易掉光。

第五个好医生是戒烟酒。我现在烟是彻底不抽了，很多人说华老师您要戒烟，我就戒饭。我真让我的朋友戒饭了。戒烟实际上就是要坚决地让自己的这个坏习惯改掉。很多人说戒烟靠糖块、靠零食，最后烟没戒成，零食也吃多了。我完全是靠意志力。

第六个好医生是一颗宽容的心。这个世界上有很多事让你不顺心。面对不顺心，最好的方式是宽容。

第七个好医生是慢节奏。过去我们很多人向往沿海大城市，像上海、深圳、广州的生活，但今天却羡慕居住在云、贵、川地区的人们的生活。成都、贵阳、昆明现在很火，有的时候把节奏慢下来，你整个身体就会放松。

第八个好医生是乐观。有一种通达叫豁达，当你把所有事情看开的时候，也正是你健康到来的时候。全世界最好的医生是你自己，你要不要试试？

（发布于抖音：华红兵移动营销）

【视频解析】

该视频于2024年8月发布，迅速在全网获得了超过1000万的流量。如今，越来越多的人开始重视身体健康，但不规律的饮食作息和快节奏的生活方式使大多数人难以保持健康的体魄，这也成了广大用户的一大痛点。随着这一需求的增长，大健康产业应运而生，并迅速成为用户追捧的新兴产业。

视频作者提出了一个引人深思的观点：最好的医生是自己。这一观点不仅激发了用户的兴趣，还抬高了他们的期望值。作者通过视频详细介绍了如何依靠自身的力量，无须额外消费，就能保持健康的身体。具体方法包括常饮白开水、保证充足睡眠、戒除烟酒以及心理调节等。这些实用且易于实施的建议，让用户看到了自我健康管理的可行性和有效性。

视频标题“最好的医生其实是你自己”极具吸引力，成功引发了用户的观看欲望。视频内容既具有说服力又易于理解，这种贴近生活的实用内容，不仅满足了用户对健康知识的需求，还提供了切实可行的解决方案。

这条视频的超高流量已经充分说明了用户对解决这一痛点的期待值之高。通过精准捕捉并回应用户的痛点，视频不仅赢得了广泛的关注和认可，还激发了用户对自我健康管理的热情。最终，不仅提升了用户的健康意识，也为创作者带来了巨大的影响力和传播效果。

## 问题二：用户的痛点会持续多久？

关注用户痛点的持续性非常重要，因为它决定了内容的长期价值和相关性。如果一个痛点是短期的，那么相关内容可能很快就会失去吸引力；而长期存在的痛点则需要持续地关注并给出解决方案。了解痛点的持续时间有助于创作者制定更有效的内容策略，确保视频能够持续吸引用户并保持其相关性和影响力。

### 视频文案：济宁真是山东最尴尬城市

山东最尴尬的城市是哪个？济宁。你说济宁，很多人不知道，它的名气还不如它下面的曲阜，因为曲阜有孔林、孔府、孔庙，是孔子的家乡。济宁下面还有个县叫邹城，那是孟子的家乡。济宁有个县叫金乡，盛产大蒜，你看一提起金乡，我们都想不到管它的济宁。更有名气的是梁山，这个地方靠水浒英雄出名，我们讲梁山好汉，但是梁山其实归济宁管。你说济宁多么尴尬，它底下的“儿子”一个比一个出名，就这位“妈妈”没名气，这几年混得特别尴尬。济宁好不容易建个机场，叫曲阜机场，离市区约50公里，而且还不建在济宁市区，建在下边一个叫嘉祥县的地方。

其实在700多年前，就有济宁府了。我跟你说，济宁是因运河而生、因运河而兴的一个城市，而且济宁在明清时代，是妥妥的一线大城市，甚至可以说是交通要道。它是整个大运河南北的重要分界线，直到今天，济宁以南依然通航，济宁以北就叫北运河，济宁就是“开关”，整个大运河的“开关”。而且济宁这个地方，水特别充足，它靠着泗水，你们还记得白居易的一首诗吗？叫《长相思·汴水流》：“汴水流，泗水流，流到瓜州古渡头。”瓜洲古渡头，就是在大运河下游与长江交汇处。你看看，济宁就是大运河的南北分界线，换句话说，在大运河兴盛期间，济宁就是当时中国的上海，是整个大运河的中心城市。

（发布于抖音：华红兵移动营销）

**【视频解析】**

该视频于2024年9月发布，迅速在全网获得了超过300万的流量。视频标题直接亮出观点“济宁真是山东最尴尬城市”，这一鲜明的观点立即吸引了观众的注意力。作者从多个角度对济宁进行了深入分析，包括城市名气、历史文化以及基础设施等方面，并将其与山东省内的其他城市进行对比。

视频首先从城市名气入手，指出虽然曲阜只是济宁市下辖的一个县级市，但它的名气却远超济宁市。接着，作者探讨了济宁的历史文化背景，强调这座城市曾经是大运河的重要节点，拥有丰富的历史遗产和文化底蕴。然而，随着时间的推移，济宁的发展速度未能跟上周边城市的步伐，这种差距逐渐加深了当地居民的不满和焦虑。

视频还介绍了济宁的基础设施状况，指出了它在基础设施方面的不足。这些内容不仅抓住了山东用户，尤其是济宁地区用户的痛点，还揭示了这些问题并非近期才产生，而是随着历史进程不断积累和加深的结果。

最后，视频以大运河为例，回顾了济宁过往的繁华景象，并对济宁的未来发展提出了期望。通过这种方式，视频不仅击中了用户的痛点，还为他们提供了希望和愿景，满足了用户的情感需求。这种既直面问题又提供解决方案的内容策略，使视频能够引发广泛共鸣，获得超高流量。该视频在抖音平台上的曝光量超过 200 万次，成了一个现象级的作品。这不仅反映了用户对济宁现状的关注，也展示了创作者通过精准捕捉解决用户痛点的能力，成功地吸引了大量观众并引发了热烈讨论。

## 问题三：用户会为了解决痛点而付费吗？

关注用户是否会为了解决痛点而付费非常重要，因为这直接关系到内容的商业变现潜力。如果用户愿意付费解决问题，说明该痛点具有较高的商业价值，创作者可以通过提供付费内容、产品或服务来实现盈利。了解这一点有助于制定有效的商业模式和营销策略，确保内容不仅满足用户需求，还能带来可持续的经济收益。

## 视频文案：这座陕西的小城，像名字一样好

有一座小城叫安康，一听名字就想到平安、健康，它是中国十大宜居小城之一。说起这个小城，它跟鼎鼎大名的北京有一定的联系。你知道吗？南水北调中线工程的水源地，主要就在陕西安康。我们经常讲“吃水不忘挖井人”，所以你看到了北方缺水，水从哪来的？源源不断地来自陕西安康这样一个小城市，所以一个小城市解决了那么多大城市人的喝水问题，这就是安康。

各位都知道北京的京剧吧，而京剧的腔调从哪来的呢？据说就来自陕西的安康。这样一座千年古城，它孕育了北京的京剧文化的标准京腔。

来，大家一起去安康吧，去寻根，去寻找到水源地，寻找到京剧京腔的发源地。

（发布于视频号：华红兵营销策划）

## 【视频解析】

该视频于2024年10月发布，迅速在全网获得了超过1100万的流量。提到陕西，大多数人首先想到的城市往往是西安，但作者却另辟蹊径，选择介绍一个知名度相对较低的城市——安康。这一独特的视角不仅吸引了观众的注意力，还成功地激发了人们对这座城市的兴趣。

视频中，作者巧妙地将“安康”解读为“平安、健康”，赋

予了这座城市一种美好的寓意。这种解读不仅富有创意，也容易引起观众的情感共鸣。此外，作者更大胆地指出，安康是京剧京腔的发源地之一。虽然这一说法可能并不广为人知，但它为安康增添了一份文化魅力，让观众对这座城市的历史和文化底蕴有了新的认识。

通过这些内容，视频成功地提升了安康用户的家乡自豪感。对于当地居民来说，看到自己的城市被如此生动地介绍和赞美，无疑会感到骄傲和满足。更重要的是，这段视频不仅仅是对安康的一次宣传，还具有实际的经济效应。视频不仅提升了安康的知名度，也将为当地旅游业带来了实实在在的好处。

总之，该视频通过独特的视角和丰富的内容，成功地提升了安康的知名度和吸引力。不仅增强了当地居民的自豪感，还带动了旅游业的发展，成为一次成功的城市营销案例。

## 问题四：用户愿意为解决痛点支付多高的成本？

关注用户为解决痛点愿意支付的成本非常重要，因为这直接关系到内容的定价策略和商业可行性。了解用户愿意支付的最高成本可以帮助创作者合理定价，确保产品或服务既具有吸引力又能实现盈利。此外，也能帮助创作者评估市场潜力，优化资源配置，从而更有效地满足用户需求并实现可持续发展。

## 视频文案：这四种蔬菜汁，让你远离医院

现在的年轻人到医院去检查，很多都缺叶酸。叶酸是什么东西——水溶性维生素。蔬菜，或者是蔬菜汁，实际上是现代人最需要的食物。

我要是做下一个浪潮，做食品饮料，我一定做蔬菜汁。我分别做如下四大种类：

第一个，芹菜汁。它能预防高血压，只要你爸爸有高血压，你妈妈有高血压，你赶紧给我喝。

第二个，菠菜汁。菠菜汁中的叶酸含量特别高。

第三个，西红柿汁。我每天都吃一颗生西红柿，因为吃西红柿不仅美容，而且能预防癌症，这个可能很多人不知道。你看我们很多女孩子啊，如果你每天吃一颗西红柿，就会脸上红扑扑的，西红柿它就有这个神奇的效果。它抗自由基，它清除自由基，这样就带来什么呢？你能不断地加强新陈代谢。

第四个蔬菜汁，我觉得是山药汁。毫无疑问，山药做成果汁，味道很好，山药能让我们的身体提高免疫力。

你看以上四种蔬菜汁，咱们一星期轮番喝一遍。你可能不太喜欢吃蔬菜，尤其小孩子，他喜欢吃肉，就拼命吃肉，这是口感依赖决定的。今天你的身体想要健康成长，必须去掉口感依赖。

所以，如果我做某一个品牌的顾问，我一定强烈建议它

做蔬菜汁。因为这既是刚需，也是趋势，更重要的是它是一个市场机会，我们称之为“空白”，是蓝海市场。所以我讲的这四种蔬菜汁，一旦推出来，一定会狂销。

（发布于视频号：华红兵营销策划）

## 【视频解析】

该视频于2023年11月发布，迅速在全网获得了超过1100万的流量。俗话说：“身体是革命的本钱。”在当今社会，越来越多的人处于亚健康状态，身体健康成了广大用户的痛点。作者在视频中提出了一个引人注目的观点：四种蔬菜汁让你远离医院。这一观点不仅吸引了观众的眼球，还在科学论证的基础上提供了实际可行的建议。

视频详细介绍了这四种蔬菜汁所含的有益成分或其对健康的益处，包括富含维生素、抗氧化剂等。作者解释了这些蔬菜汁如何帮助改善身体状况、增强免疫力，并预防一些常见疾病。这种既有吸引力又不失科学依据的内容，成功地勾起了用户购买蔬菜汁的欲望。此外，这些蔬菜汁都是观众们在家就能轻松制作的饮品，这种实用性和可操作性进一步增强了内容的吸引力，让用户觉得这些健康建议不仅是切实可行的，而且无须花费高昂成本。

这条视频不仅激发了用户对健康饮食的兴趣，还拉动了整个蔬果汁行业的发展。许多观众在观看视频后开始关注并购买相关产品，从而促进了市场的消费。视频的成功还在于引发了广泛的讨论和反思，人们开始重新审视自己的生活方式和饮食习惯，寻求更健康的生活方式。这种既能引起共鸣又能促进实际改变的内容，无疑是短视频创作中的典范之作。

## 问题五：竞争对手有没有采取解决用户痛点的营销行为？

关注竞争对手是否采取了解决用户痛点的营销行为非常重要，因为这可以帮助创作者了解市场现状和竞争态势。通过分析竞争对手的策略，创作者可以发现市场上的空白点和改进空间，从而制作出更具差异化和竞争力的内容。此外，了解竞争对手的行动还有助于避免重复劳动，确保自己的内容能够脱颖而出，满足用户的独特需求。

### 视频文案：每天早起慢跑，会有什么惊人变化？

这个世界上好的药是什么？我觉得是慢跑。我从未见过一个热爱慢跑的人有慢性病，我也从没有见过一个坚持慢跑的人，他的情绪得不到控制，我更没见过一个热爱慢跑的人发生什么精神疾病。

我觉得慢跑的好距离是5公里，我每天总会慢跑一次，大概5公里。一口气跑完，跑下来不是浑身大汗，而是薄薄的一身汗，那种感觉很好。因为早上起来正是阳气充足的时候。我们迎接一天开始的好方式是健康的良药——慢跑。要不要跟我一起去坚持健康地慢跑，让身体充满正能量？

（发布于视频号：华红兵移动营销）

【视频解析】

该视频于2024年8月发布，迅速在全网获得了超过1100万的流量。作者在视频开头便提出了一个引人深思的观点：“这个世界上好的药是什么？我觉得是慢跑。”这一观点直击用户痛点，尤其是在当今社会，许多年轻人由于学习和工作的压力而缺乏运动，导致身体素质下降，经常受到各种疾病的困扰。

作者将慢跑比作一剂良药，这种比喻不仅生动形象，还成功地勾起了用户继续观看视频的兴趣。视频中，作者以自身为例，分享坚持慢跑给他带来的美好体验。再次强调慢跑不仅有益健康，更能令人精神愉快，神清气爽。这些亲身经历具有很强的说服力，让观众能够感同身受。

值得注意的是，许多运动APP也注意到了用户的这一痛点，并采取了相应的营销行为。例如，一些APP推出了3公里或5公里跑活动，通过发放精美的奖牌和礼品激励用户参与。这些活动不仅增加了用户的参与度，还帮助他们养成了持续运动的习惯。这些营销行为为解决用户的痛点付出了实际行动，进一步推动了健康生活方式的普及。

总之，这条视频通过提出“慢跑是最好的药”这一观点，结合创作者个人经历，成功地吸引了大量观众的关注。同时，它还反映了市场上其他相关企业也在积极解决这一痛点，共同推动了健康生活方式的发展。这种多方面的努力使视频不仅成了一个爆款内容，还为用户提供了实际可行的解决方案。

## 问题六：竞争对手为什么不愿意采取行动解决用户的痛点？

关注竞争对手为什么不愿意采取行动解决用户的痛点非常重要，因为这可以帮助创作者发现市场上的机会和潜在的障碍。了解竞争对手的不作为原因，可能是由于成本过高、技术限制或市场策略不同等。这些洞察有助于创作者找到差异化的优势，制订更有效的解决方案。此外，这还能帮助创作者避免陷入同样的陷阱，确保自己的内容能够成功满足用户需求并脱颖而出。

### 视频文案：2025年春晚谁最应该上台

2025年的春晚谁该上？我觉得第一个应该上的是赵本山和宋丹丹；2024年日子过得有点苦，开场需要来点甜。第二个节目我觉得应该是周深和窦靖童的天籁之音，年轻人喜欢。第三个我觉得应该请来的是小沈阳夫妻，娱乐圈的模范夫妻。第四个节目我们应该请来的是李宗盛和林忆莲，他们是多少中老年人的青春回忆啊，《当爱已成往事》唱出了浓浓的爱的味道。第五个节目我觉得是韩红，她既是慈善大使，又是实力派歌手。第六个我觉得是邓紫棋，演唱大气，那声音都是那种灵空的。第七个我觉得应该是请陈佩斯和朱时茂，他们是喜剧大王啊，有他们在的春晚才叫顶配。第八个我觉得应该请来的是张明敏，请他重新再唱一首《我的中国心》。第九个再把费翔叫过来，2025 年我们要火，《冬天里的一把火》重新再燃烧起来。第十个我觉得应该请来奥运冠军全红婵、樊振东，还有全红婵的师傅陈若琳，零点的时候应该正好刀郎跟田震一起演唱《难忘今宵》，一定会成为历史经典。

你觉得谁还应该再上 2025 年的春晚呢？

（发布于视频号：华红兵咨询大师）

## 【视频解析】

该视频于 2024 年 11 月发布，迅速在全网获得了超过 3000 万的流量，并且一经发布，点赞、转发和评论均取得“10 万 +”的成绩。其优质内容不仅在发布初期吸引了大量关注，还带来了显著的“长尾效应”，即使在一个月后，该视频仍然保持每天上万的播放量，成为当之无愧的爆款经典视频。

视频以“2025 年春晚谁最应该上台”为题，这一话题本身就与春晚相关，自带高讨论度。作者通过构建一个理想型的春晚舞台，勾勒出观众心中期待的表演者阵容。然而，结合实际情况来看，作者列举的一些文艺工作者由于年岁渐长，参与春晚的概率已经大大降低。这种现实与理想的对比引发了广泛的共鸣和讨论。许多观众在评论区表达了对这些老艺术家的怀念和支持，同时也对春晚的未来提出了自己的看法和建议。视频不仅满足了用户的情感需求，还激发了他们对春晚节目安排的思考和讨论。

这条视频通过精准捕捉用户痛点，并结合热点话题，成功地吸引了大量观众的关注。它不仅展示了观众对春晚的期待，还揭示了现实中的一些局限性，从而引发了更深层次的反思和讨论。这种既能引发共鸣又能引起思考的内容，是短视频创作中的典范之作。

## 问题七：假如先推出解决用户痛点的方案，竞争对手会用多长时间、以什么方式参与竞争？

关注竞争对手在你推出解决用户痛点的方案后，会用多长时间、以什么方式参与竞争非常重要。这可以帮助创作者提前做好应对策略，保持竞争优势。了解竞争对手的反应时间和方式，可以让你及时调整自己的内容和营销策略，确保持续领先。此外，这还能帮助你发现潜在的合作机会或市场空白，进一步巩固你的市场地位。

### 视频文案：才发现原来湖北这么牛

您知道湖北有多牛吗？湖北 2023 年的 GDP 又上了个新

台阶，突破了5.5万亿。你知道湖北人多能干？湖北接连超越了上海、湖南、福建等地区，重返全中国第七。据说很久以前，湖北人以捕鳄鱼为生，“鳄”通“鄂”，所以湖北简称“鄂”。“天上九头鸟，地上湖北佬”，意思是说湖北人聪明。今天我告诉你，湖北人除了聪明之外，还很勤奋。你看湖北省每个城市都有与众不同的特点，你看“光谷之都”武汉、“华夏第一城池”襄阳、“楚国都城”荆州、“水电之都”宜昌、“青铜之都”黄石、“卡车之都”十堰、“华中药都”恩施、“戏曲之乡”黄冈、“百湖之市”鄂州、“荆楚门户”荆门、“温泉之乡”咸宁、“华中屋脊”神农架、“神农故里”随州、“米酒之乡”孝感、“体操之乡”仙桃、“茶圣故里”天门。其实湖北在国内存在感十足，只不过湖北人很低调。你知道湖北这个中国的“钻石”枢纽，它到全国各地的距离，都不会超过两个省。它真的当得上“九省通衢”的美誉，它是中国真正的心脏地区，不管是水路，还是陆路，湖北都正好处于中国的“心脏”位置，湖北加油。

（发布于抖音：华红兵商业讲坛）

## 【视频解析】

该视频于2024年8月发布，迅速在全网获得了超过1000万的流量。作者在视频中称湖北为“中国真正的心脏地区”，这一观点获得了湖北用户的广泛认可与支持。视频不仅提及了武汉、宜昌等湖北的知名城市，还特别关注并夸奖了湖北省内一些小城市，让这些平时较少被关注的地方也有了展示的机会。

视频讲述了湖北各地的独特魅力和文化底蕴，如数家珍地向观众推荐多个湖北名城，这不仅增强了湖北用户的自豪感，也让全国观众对湖北有了更全面的认识。视频中的每一个细节都充满了对这片土地的热爱和赞美，激发了观众对湖北的兴趣和向往。许多观众在观看后表示，他们对湖北有了新的认识，并计划亲自前往这些城市一探究竟。

这条视频通过精准捕捉用户的情感需求，成功提升了湖北的知名度和吸引力。不仅让湖北的大城市得到了更多的关注，也让那些默默无闻的小城市走进了大众的视野，成了一条兼具情感共鸣和实际影响力的经典视频。

## 问题八：创作者凭借自身的能力能否持续解决用户痛点？

关注创作者凭借自身的能力能否持续解决用户痛点非常重要，因为这直接关系到内容的长久吸引力和创作者的可持续发展。如果创作者能够持续提供高质量、有价值的内容，满足用户不断变化的需求，就能保持用户的忠诚度和参与度。反之，如果创作者的能力不足或内容质量下降，可能会导致用户流失，影响其在市场上的竞争力。因此，不断提升自身能力并保持创新是创作者成功的关键。

## 视频文案：湖南的山茶油，到底有多好？

湖南人在中国食品界最大的贡献之一，就是生产出茶油。您认为最好的肯定是橄榄油，那您是不知道，比橄榄油更好、多项指标超越橄榄油的是中国的茶油。你们如果长期吃用茶油炒的菜，一定没有胃肠道疾病，胃肠道病患者你就吃它炒的菜就行了。

茶油有什么好处呢？我就不说那么多了，就讲那么两项。

第一项，它对心血管帮助很大。我们每天吃菜，做不同的菜，有时候你经常换油，换什么花生油、大豆油、芝麻油，有没有想过，那些食用油有可能是转基因产品。但山茶油却是纯天然产品，是中国特有的传统的食用植物油。

第二项，女性生小孩坐月子、怀孕期间是不能乱吃的，但您可以用山茶油。炒菜用它、往身上抹用它，小孩子一出生，为了防止蚊虫叮咬，为了防止炎症，皮肤上抹一点山茶油，蚊子不敢叮，而且皮肤好得不得了。所以，中国人真应该用山茶油的化妆品。大家可能对我们身边如此美好的事物不太重视，所以不了解、不知道。

中国真的有很棒的山茶油，这是我们中国食品界的一个奇迹，我也希望中国的山茶油，有一天成为中国的一张新名片。

（发布于抖音：华红兵金钥匙营销）

**【视频解析】**

该视频于2024年6月发布，迅速在全网获得了超过500万的流量。视频节选自作者线下授课的片段，作者在视频中提到山茶油是中国食品界的一大奇迹，并从疾病防治和皮肤保护两个方面详细举例说明了山茶油的好处。

作者首先介绍了山茶油在疾病防治方面的独特功效，包括其对心血管健康的益处、抗炎作用以及抗氧化能力。不仅展示了山茶油的多功能性，还让观众对其健康益处有了更深入的了解。作为营销界的专家，作者利用自身的专业能力将山茶油推向大众视野，解决了用户吃不到健康好油的痛点。视频中的内容不仅具有科学依据，还结合了实际案例和用户体验，使观众能够直观地感受到山茶油的价值。

这种精准捕捉用户需求并提供解决方案的内容，成功引发了用户的思考与共鸣。许多观众在观看视频后表示，他们对山茶油产生了浓厚的兴趣，并计划将其纳入日常饮食和护肤中。视频不仅提升了山茶油的知名度，还促进了相关产品的销售，成了一条兼具教育性和实用性的经典视频。

## 问题九：创作者自身的痛点是什么？

关注创作者自身的痛点非常重要，因为这关系到内容的真实性和情感共鸣。创作者自身的痛点往往能够激发更真实、更具感染力的内容，使观众感受到创作者的真诚和热情。通过分享个人经历和情感，创作者可以与用户建立更深的连接，增强用户的信任感和忠诚度。此外，理解并解决创作者的痛点也有助于提升创作动力和持续性，确保内容的质量和创新性。

## 视频文案：我最敬佩的企业家宗庆后先生

20年前，年近60岁的宗庆后先生把当时只有30多岁的我请到他的办公室，向我请教饮料如何做中国式营销。他如此谦卑，派专车将我从上海接到他杭州总部的办公室。娃哈哈是一个令人尊敬的企业，临别时我们两个人一起在他办公室合了一张影，办公室里有一个装满了世界各地饮料瓶子的柜子。

他是个产品主义者，是个完美主义者，是中国第一代企业家的典范。临走时，我握住他的手所说的一句话是：只有你有资格做纯净水。他说为什么。我说因为你是中国企业家的一股清流，不上市、不移民、不裁员。如今这个坚持“三不政策”的一股清流离我们而去了。我只能提议，今天在座的各位每人买一瓶娃哈哈纯净水，致敬宗老先生，致敬中国企业家的这股清流，但愿先生的这股清流永存于世。

（发布于抖音：华红兵谈咨询）

## 【视频解析】

该视频于2024年2月发布，迅速在全网获得了超过1100

万的流量。短视频内容创作不仅要抓住用户痛点，也不能忽视创作者自身的痛点。这条视频巧妙地结合了宗庆后先生逝世的热点话题，表达了作者对宗老先生的尊敬与缅怀之情，同时也反映了创作者自身的痛点。

视频中，作者将自己与宗庆后老先生见面的故事娓娓道来，分享了他们之间的交流和互动。真实而感人的故事不仅展示了宗庆后先生的智慧和人格魅力，也让观众感受到了作者对这位前辈的深厚情感。通过这种个人化的叙述方式，作者成功地引发了广大用户的共鸣，使观众能够更加深刻地了解宗庆后先生的贡献和影响。

通过这种方式，作者不仅表达了自己的痛点和情感，还成功地吸引了大量观众的关注。视频不仅获得了超高流量，还在用户中赢得了良好的口碑，实现了流量和口碑的“双丰收”。这种结合热点话题和个人情感的创作方式，为短视频内容创作提供了一个成功的范例。

## 问题十：怎样设计一场试验，检验上述 9 个问题全部得到解决？

如果我们希望设计一场试验，以检验上述 9 个问题是否全部得到解决，可以采用以下步骤：

**明确目标和指标**：首先，明确试验的目标，例如，提升用户满意度、增加付费用户数量、提高内容的观看时长等。为每个目标设定具体的量化指标。

**选择样本用户**：选取具有代表性的用户群体作为试验对象，确保样本覆盖不同年龄、性别、地域和兴趣的用户群体。可以通过问卷调查或数据分析来确定样本用户。

**设计对照组和实验组**：将样本用户分为对照组和实验组。对照组继续接受现有的内容和服务，而实验组则接受新的解决方案。确保两组用户在其他方面保持一致，以保证试验结果的准确性。

**实施解决方案**：在实验组中实施针对用户痛点的新解决方案。这可能包括新的内容形式、支付方案、营销策略等。确保这些解决方案是基于对上述 9 个问题的深入分析和理解。

**收集数据**：在一定的时间段内（例如一个月），收集两组用户的反馈数据，包括观看时长、互动率、付费行为、用户满意度等。使用数据分析工具来处理和分析这些数据。

**评估结果**：比较对照组和实验组的数据，评估新解决方案的效果。检查用户对解决痛点的期待是否得到满足，痛点持续时间是否减少，用户是否愿意支付更高的成本，竞争对手的反应等。

**调整和优化**：根据试验结果进行调整和优化。如果某些指标未达到预期，分析原因并改进解决方案。重复试验过程，直到所有 9 个问题都得到有效解决。

**总结和报告**：撰写详细的试验报告，总结试验过程、结果和改进建议。分享给团队成员和其他利益相关者，以便进一步优化内容和策略。

通过这样的系统化试验，创作者可以全面了解用户痛点的解决情况，并不断优化内容和服务，最终实现更好的用户体验和商业成功。

## 视频文案：全国烧烤这么多，凭啥淄博烧烤突然爆火

今天中国那么多旅游城市，淄博火起来偏偏没有理由。它既不在草原，没有养牛和羊的优越条件，而且不是中心城市，交通不是特别便利，但为什么人们想起来坐高铁去淄博只为了吃烧烤？这是什么原因呢？难道仅仅是自媒体的兴起使其爆火这么简单吗？不，请听我的分析：淄博之所以能够突然爆火，完全是因为服务升级。政府专门组建了烧烤协会，并且规定今年五一前后举办烧烤节。政府还干了件事——新增了21条定制专线，就是让专车线路从高铁站到达每一家烧烤店。我觉得这是个亮点，这是政府和民营企业合作的一次伟大的尝试。淄博的烧烤好在哪里呢？好在每人一个方桌、一大串肉、一小碟葱和一小碟薄饼，你真的不是在吃烧烤，淄博的方桌让你感觉自己是“皇帝”。为什么很多大学生来这个地方？因为到淄博吃烧烤有仪式感、有成就感，所以人家坐高铁去吃。你知道吗？淄博的烧烤每个桌上用的炉子都是炭炉，这意味着淄博鼓励这种“烟火气”。我觉得一个城市，

如果真的把烧烤去掉了，这个城市的“烟火气”就真正没了。

（发布于视频号：华红兵移动营销）

## 【视频解析】

该视频于2023年4月发布，迅速在全网获得了超过2000万的流量。视频内容来源于作者线下授课的片段，作者以淄博烧烤的成功为例，详细解读了淄博爆火背后的原因。作者强调，淄博的突然走红并非偶然或运气使然，而是政府与民营企业紧密合作、共同努力的结果。

视频中，作者介绍了淄博市政府如何通过政策支持、基础设施建设等促进当地烧烤业的发展。同时，民营企业也在创新产品、提升服务质量方面发挥了重要作用。这种政府与企业之间的协同合作，不仅推动了淄博烧烤业的繁荣，还带动了整个城市的经济发展。

这条视频为淄博发声，回应了广大用户对淄博突然爆火的疑惑。许多观众在观看视频后表示，他们对淄博有了更全面和深入的了解，也对当地政府和企业的努力表示赞赏。视频不仅解决了淄博的形象问题，还满足了用户对真实情况的好奇心和需求。

该视频在各大平台都获得了极高的流量，尤其在视频号平台上取得了点赞、转发、推荐“10万+”的好成绩，成为当之无愧的爆款视频。这不仅反映了观众对高质量内容的认可，也证明了通过精准捕捉和解决用户痛点，可以实现内容的广泛传播和深远影响。总之，这条视频不仅提升了淄博的城市形象，还为其他城市提供了宝贵的经验和启示。

## 第三节 识别痛点，确保触达用户

在当今竞争激烈的市场环境中，短视频创作者要想脱颖而出，必须精准识别并解决用户痛点。痛点是指用户经常遇到的麻烦，并且用户愿意为解决这个麻烦而付费。只有同时满足这两个条件，才能称为真正的痛点。

痛点不仅仅是一个孤立的问题点，其背后往往是一连串的麻烦。短视频创作者需要找到高效的、有竞争力的解决方案，来解决这一系列问题。例如，用户可能因为工作压力大而感到焦虑，这不仅是一个情绪问题，还可能涉及睡眠质量、工作效率等多个方面。创作者需要提供全面的解决方案，帮助用户系统性地解决这些问题。

找痛点最好的方式是从自己熟悉的专业领域入手，从自己有把握的地方入手，从自己的兴趣点入手。这样可以确保内容的质量和创作者的热情。同时，还要考虑竞争对手等因素，找到能够变现的商业模式后再启动市场。例如，如果你擅长健康饮食，可以从营养搭配、食谱推荐等方面入手，结合市场上的竞品分析，找到差异化的切入点。

成功的痛点解决方案可以从用户、场景、需求三个方向思考，进一步拓展到心理、行为、竞争和自身能力四个维度。这种多维度的思考方式可以帮助创作者更全面地了解用户的需求，从而创作出更具针对性的内容。例如，通过用户调研了解他们的心理状态，通过行为数据分析他们的使用习惯，通过竞争分析找到市场空缺，通过自身能力评估确保内容的可行性和可持续性等。

在痛点式营销中，痛点只是一个入口，系统性解决问题才能产生效率和效益。创作者不仅要识别痛点，还要提供全面的解决方案，这样才能真正满足用户的需求，实现短视频内容的广泛传播和商业成功。通过精准识别和解决用户的痛点，创作者可以建立稳定的用户群体，提升品牌影响力，最终实现长期发展。

## 视频文案：你娶到广东女人你就烧高香吧

你要是娶到一个广东女人，你就烧高香吧！第一，能长寿；第二，广东女人乐观；第三，广东女人勤奋；第四，广东女人懂中草药、会煲汤。

老公和孩子有什么病，广东女人先想到的是煲汤，买点草药回去煲汤，病好了就不用上医院。即便到医院看完病，回家休养，广东女人也是煲汤。她们认为健康是煲出来的，这就是广东女人。咱们全国中药材的三分之一，都让广东人给吃了。广东人要是有啥病，她们往往是买点草药回家煲汤去。所以娶一个广东女人，就等于找到一个医生，保全家平安。

（发布于视频号：华红兵营销策划）

## 【视频解析】

该视频于2024年9月发布，迅速在全网获得了超过1100万的流量。随着人们生活质量的提升，择偶标准也随之提高。然而，许多人发现择偶要求提高了，就难以找到合适的伴侣了，这成了许多人的痛点之一。

作者精准捕捉到这一痛点，发布了一条赞美广东女性的视频。作者在视频中介绍了广东女性的独特魅力，尤其强调她们内在的优秀品质。视频通过介绍广东女人“擅长煲汤”的这个特点，展示了广东女性的智慧、勤奋和善良等特质，作品也因此成功地吸引了大量用户的关注。

作者巧妙地将择偶需求与地方文化相结合，使视频内容更加丰富和立体。这种结合不仅解决了用户痛点，帮助他们寻找潜在的择偶对象，还为广东进行了有效的宣传，提升了广东的整体形象。

视频的成功在于其精准的内容定位和高质量的制作。它不仅满足了用户的情感需求，还提供了实际的解决方案。通过赞美广东女性，视频不仅赢得了广大用户的共鸣和支持，还在各大平台上获得了极高的流量和好评。这条视频不仅成了一个爆款，还为广东地区带来了积极的社会影响，实现了内容传播和地方宣传的双赢。

## |第四节|

# 运用“7C”，精准识别痛点

马丁·林斯特龙（Martin Lindstrom）在他的著作《痛点：挖掘小数据满足用户需求》中，提出了一种通过小数据找到用户痛点的方法。他认为，在大数据之外，应着重观察某个小群体，对其所体现的文化欲望进行深入挖掘，从而精准击中其痛点，满足用户需求。那么，如何通过小数据获取用户痛点呢？林斯特龙提出了“7C”理论框架调查法，即收集、线索、连接、关联、因果、补偿和理念。

1. 收集（Collect）

在“收集”这一阶段，首先，要从宏观和微观两个层面建立导航点。宏观上，要了解整体市场趋势、行业动态和社会文化背景；微观上，要深入观察特定用户群体的行为和情感反应。通过这些导航点，可以系统地收集有价值的数据。

2. 线索（Clue）

作为研究者，要明确自己所看到的一切都不是毫无意义的，所听到的一切都不能浪费。在这一阶段，要特别关注那些独特的情感反应。例如，用户在使用某个产品时表现出的不满或惊喜，这些情感反应都是宝贵的线索，可以帮助你更深入地理解用户的需求和痛点。

3. 连接（Connect）

情绪行为能产生什么后果？在“连接”阶段，需要将收集到的线索进行整合，寻找它们之间的相似点。问问自己：这些线索有什么共同之处？它们是否一开始就指向某个方向？最初的假设是否得到了验证？通过这些连接，可以逐步形成对用户痛点的初步认识。

4. 关联（Correlation）

这种行为或情绪第一次出现时，是什么时候？在“关联”阶段，需要寻找用户行为上的转变，也就是所谓的切入点。通过分析用户行为的变化，可以发现他们在何时何地产生了特定的需求或痛点。这一步骤有助于确定解决问题的最佳时机和方法。

5. 因果（Cause and Effect）

它能激发什么样的情感？在这一阶段中，需要在办公室或工作场所整合所有发现，开始进行小数据挖掘。通过深入分析用户的情绪反应，找出其背后的原因。例如，用户为什么会对某个功能感到不满？这种不满是如何产生的？通过因果关系的分析，可以更准确地定位痛点。

6. 补偿（Compensate）

还有什么需求没有被满足？在验证完因果关系后，需要提取最强烈的情绪本质——用户的欲望。用户真正想要的是什么？他们还有哪些未被满足的需求？通过“补偿”阶段，可以进一步细化对用户痛点的了解，并为后续的解决方案提供依据。

7. 理念（Concept）

针对你发现的受众欲望，有什么“创意”补偿？最后阶段是根据前 6 个阶段的发现，提出具体的解决方案。这不仅包括产品或服务的改进，还可以是新的营销策略或用户体验设计。通过创新的理念，可以更好地解决用户痛点，从而提升他们的满意度和忠诚度。

通过“7C”理论框架，林斯特龙提供了一套系统的方法，帮助创作者和企业通过小数据精准识别并获取用户痛点。这种方法不仅能够提高内容的吸引力和影响力，还能为企业带来更大的商业价值。

## 视频文案：全球3亿人都听的豫剧才是“国剧”

河南豫剧影响了至少3亿的人口，到底谁才是真正的“国剧”？大家都以为是京剧，但是我觉得真正称得上“国剧”的必须具备三个条件。

第一，受众很多。你看河南周围的省份，河北、山西、安徽、陕西、山东等很多地区都流行河南豫剧，河南豫剧影响了至少3亿的人口。我从小就听豫剧长大，因为我老家在河北南部，小时候唯一的娱乐就是听豫剧，那时的我就爱上了豫剧，觉得豫剧很正能量。我了解的第一个关于男女平等和思想解放的知识就是从豫剧听到的。像《穆桂英挂帅》《花木兰》《铡美案》，还有《包公》。

第二，不需要国家经费。豫剧就是这样，完全靠自己养活自己，近10万豫剧大军今天仍然活跃在农村。如今在中原一带，红白喜事都流行请个豫剧班，这种根植于民间的东西才拥有真正的生命力，豫剧已经有几百年历史了。

第三，谁都能听得懂。比如粤语，这几十年唱歌都流行用粤语唱，但是粤语大部分北方人听不懂。但是河南话就不一样，你到了广东，到了北京，到了东北，只要对方说的是河南话，你都能听得懂。所以我一直纳闷，我们的普通话为什么不用河南话作标准，如果用河南话作标准，在哪都能听得懂。而且河南人说话特别中国，你问河南人说行不行，他们会说“中”。再说我们汉民族文化发祥地就在中原，所以我觉得豫剧变成“国剧”应该不远了。你同意豫剧是“国剧”吗？

（发布于抖音：华红兵移动营销）

【视频解析】

该视频于2024年5月发布，迅速在全网获得了超过1100万的流量。这条视频运用了“7C”理论框架调查法来精准获取并解决用户痛点。

首先，在“收集”阶段，视频向大众说明了豫剧的广泛受众基础，强调了豫剧在中国文化中的重要地位。通过这一宏观信息，视频建立了初步的导航点。

接着，在“线索”阶段，通过作者的亲身经历诉说豫剧的优秀之处。视频列举了《穆桂英挂帅》等多个经典豫剧作品，展示了豫剧的艺术魅力和文化价值。

在“连接”和“关联”阶段，视频将这些信息进行关联，进一步佐证豫剧值得称为“国剧”。通过详细分析和生动的案例，视频内容激发了用户对河南人的情感共鸣，增强了河南人的文化自信。

最后，在“因果”和“补偿”阶段，视频提出了一个引人深思的问题：为什么河南话不能作为我国的标准普通话？这个问题直接触及了用户的痛点，引发了强烈的情绪反应。通过这一问题，视频成功提取了用户最强烈的情绪本质——对地方文化的认同感和自豪感。

整条视频逻辑清晰，通过“7C”理论框架精准抓住了用户痛点，并点燃了平台的流量池。视频不仅提升了豫剧的知名度，还增强了观众对河南文化的认同感，成为一条现象级的经典视频。

# 第三章 刚需导向，精准定位

在创作优质短视频时，明确刚需和精准定位至关重要。刚需确保内容解决用户实际问题或满足其迫切需求，使视频具有实用价值，增强用户黏性和分享意愿。例如，生活技巧、学习辅导等内容因贴近日常生活而广受欢迎。精准定位能够帮助创作者锁定特定受众群体，根据其年龄、兴趣、行为习惯等定制内容，提高视频的相关性和吸引力。通过深入分析目标市场，创作者可以优化内容策略，提供个性化的用户体验，从而在众多竞争者中脱颖而出。明确的定位还能指导内容风格和传播渠道的选择，确保资源高效利用，促进品牌建设和长期发展。

在短视频创作的广阔天地里，成功的关键往往在于对一个核心问题的深刻理解：未来的用户在哪里？这不仅是内容创作者需要面对的问题，也是决定一个账号能否实现持续活跃与革新式成长的重要因素。本章将探讨如何通过刚需导向和精准定位来解答这一问题。

我们首先需要明确，用户群体可以被分为两大类：一类是已经表现出购买行为的目标用户，另一类则是尚未产生实际交易但具有潜在兴趣的用户。值得注意的是，在这两者之间存在着广泛的个性化需求差异，这些个性化、差异化的需求构成了连接两者之间的桥梁。通过对目标用户的深入了解以及对未来趋势的准确预测，我们可以更好地捕捉到潜在用户的心声，从而为他们量身定制内容。这样的方法不仅能够帮助我们锁定当前的核心受众，还能有效拓展新的市场空间，促进账号的成长与发展。

在接下来的内容中，我们将深入分析如何基于用户的真实需求进行内容创作，并结合案例分享几种有效的定位策略，以期为你的短视频内容提供有价值的参考。让我们一起探索，如何通过精准定位来解锁短视频流量密码吧！

## 第一节

## 刚需揭秘，聆听用户心声

自从进入移动互联网时代，用户对于内容的需求变得更加多样化与个性化。在这样的背景下，“刚需”成了短视频运营体系中的核心概念之一。所谓“刚需”，指的是那些无论环境如何变化，用户始终存在的基本需求。对于短视频创作者而言，想要成功吸引并留住观众，关键在于精准捕捉到这些深层次的刚性需求。

值得注意的是，短视频平台上的内容创作并不意味着要凭空创造全新的需求；相反地，它更侧重于从现有需求中挖掘出那些真正能够触动人心、解决实际问题的部分。换句话说，虽然我们不能直接创造出新的需求，但通过深入分析和理解用户行为模式及偏好，我们可以发现甚至进一步激发某些潜在的刚需。这不仅有助于提升内容的相关性和吸引力，也是实现流量增长的有效途径之一。

因此，在本节中，我们将探讨如何有效聆听用户心声，识别其背后隐藏的刚需，并以此为基础进行内容规划与制作。通过这种方式，短视频创作者不仅能更好地满足目标受众群体的需求，还能促进账号的长期稳定发展。

## 视频文案：人杰地灵的江西为什么没周边发达?

中国最郁闷的省是哪个省？江西。因为江西周边的省份都发达了，江西却一直发达不起来，看南面有广东，东边有福建，北面有江浙，就连它紧挨的安徽现在都比它强。湖南由于有京广线，有娱乐产业支持，所以全国瞩目。

江西人这几年不服，就拼命地“头悬梁、锥刺股”，追赶周边的城市。2022年VR产业规模全国第一，2022年GDP增长4.7%，增速全国第一，江西还有几十家上市公司。你们知道吗？江西的消费品零售总额在2022年增长5.3%，增速又是全国第一，快递收入增速全国第一，累计发放的创业担保贷款资金总量也是全国第一。

还有更有趣的，中国出口的教练机，有很大一部分是在是江西南昌生产。江西南昌已经变成了与美国西雅图和法国图卢兹齐名的世界第三大航空工业城。我们经常讲的国产大飞机C919，每4架里就有1架是江西生产的。就连江西菜都在拼命地向全国布局，江西菜最著名的有瓦罐煨汤、三杯鸡、南昌米粉，你看江西有多厉害。

（发布于抖音：华红兵移动营销）

**【视频解析】**

该视频发布于2023年9月，迅速获得了全网超过1100万的流量，充分展示了内容创作中“需求不被创造，但能被发现”的原则。对于江西而言，城市发展成了当前最紧迫且重要的议题之一，这正是作者所捕捉到的刚需所在。通过对江西省近年来在城市发展中取得成就的数据进行整理与分析，作者不仅向观众展示了一个更加全面、真实的江西形象，同时也有力地反驳了外界对江西的一些刻板认识。

视频开头部分，作者巧妙地通过对比江西周边省份的发展近况，指出江西似乎成了“最郁闷的省”，因为其邻近省份的快速发展吸引了更多关注，而江西自身的进步却往往被人忽视。然而，随着视频深入展开，一系列翔实的数据逐渐揭示出一个事实：江西并非如表面所见那般平庸无奇。相反，在多个关键领域内，江西正以前所未有的速度向前迈进，取得了令人瞩目的成绩。

这种基于事实依据的正面宣传方式成功激发了广大江西用户的共鸣，当地居民更是对此深感自豪。视频发布后得到了广泛好评，尤其是在江西本地用户群体中引发了热烈讨论，最终成了一个广受欢迎的爆款作品。通过精准定位并深刻了解目标受众的需求，该视频不仅传递了正能量的信息，也有效地提升了江西在全国范围内的知名度。

在经济学领域，需求指的是消费者在特定价格条件下对某种商品或服务的需要量。而刚性需求（Rigid Demand）则是指那些即使面对价格波动也相对稳定的需求，即这类需求受到价格变化的影响较小。当某些原本属于刚性需求的商品因价格快速上涨而变得难以负担时，这些需求可能会转变为弹性需求，即其数量会随着价格的变化而显著调整。

将这一概念应用到短视频内容创作上，我们可以发现，优质的内容同样需要精准地抓住用户的刚性需求。这意味着创作者应当深入了解目标受众的需求，并围绕这些核心需求来构建内容。如果当前市场上还没有人能够准确捕捉到用户的刚需，那么可以从一些常见但仍然具有广泛吸引力的话题入手，通过独特的视角或者创新的表现手法来重新挖掘其中的价值，从而吸引观众注意并获得流量。这种策略不仅有助于提升视频的观看量，还能增强用户黏性，促进账号的长期发展。

## 视频文案：我认为淄博是最幸福的城市

淄博没有评上2023年最幸福的城市，但我心目中最幸福的城市就是淄博。为什么？因为人间烟火。很多网友纷纷表示想去淄博定居。我去过好几趟淄博，淄博在电动车管理方面确实与众不同。淄博警察不是来罚款的，而是提醒你遵守交规。淄博的警察如此温情脉脉，哪怕你确实违规了，他们大多也只是劝导和教育。他们不是直接罚款或扣车，这才是真正的“淄博模式”。这种城市难道不应该评上最具幸福感的城市吗？

面对这个全中国最简朴却又最美的办公楼（淄博市政府大楼），我代表网友向它敬礼，我们希望这座楼永世长存，希望“政通人和”与“人间烟火气”充满每一个城市。我们所理想的那栋大楼就在这里。

（发布于抖音：华红兵移动营销）

## 【视频解析】

该视频发布于2024年7月，迅速获得了全网超过1100万的流量，展示了创作者即使是在老生常谈的话题中也能挖掘出用户需求的能力。“人民幸福感”是一个社会反复提及的话题，它触及了人们内心深处对于美好生活的向往与追求。当市场上没有创作者能够准确捕捉到用户的刚性需求时，从这类常见话题中寻找新的切入点便显得尤为重要。

在这条视频中，作者巧妙地结合了当时热门的淄博话题，并以“最幸福城市排行”作为视频的切入点，提出“淄博是我心中最幸福的城市”。这一角度看似普通，实则精准地抓住了观众对幸福感的渴望。创作者选取了淄博交警的“劝导式管理”为突破口，展示城市的人文关怀。这种贴近生活、充满情感共鸣的内容成功引起了用户广泛讨论，尤其是淄博本地及关注该地区发展的用户群体，从而收获了超高流量。这再次证明了，只要能敏锐地洞察并满足用户的核心需求，即使是熟悉的话题也能焕发出新的生命力。

在互联网领域，短视频创作者常常面临一个挑战：即使投入大量精力制作内容，流量仍迟迟不见增长。这种现象往往源于未能准确捕捉到用户的真实需求，却被“伪需求”蒙住了双眼。为了避免陷入伪需求的陷阱，创作者在研究用户需求时必须深入思考三个关键问题：

**用户为什么要看你的视频？** 这要求创作者明确自己视频的独特价值所在。无论是提供娱乐、教育还是情感共鸣，都需要有一个清晰且吸引人的理由让用户选择观看。

**用户为什么一定会认同你的视频的观点或内容？** 内容可信和能引起情感共鸣是至关重要的。创作者需要确保自己的观点具有足够的说服力，并能够与目标受众的价值观相契合，从而获得他们的认可和支持。

**如果用户不看你的视频，是否有其他人的视频内容可以替代你的观点？** 独特性是区分优质内容与普通内容的重要标志。创作者应努力创作不可替代的内容，这样即便市场上存在类似主题的视频，你的作品也能脱颖而出，成为用户的首选。

通过认真回答这些问题，创作者不仅能更好地理解并满足用户的真实需求，还能有效避免被“伪需求”所误导，从而提升视频的吸引力和传播效果。

## 视频文案：最宠员工的3位老板为什么都是河南人？

河南人真的了不起，河南诞生了全国最好的3位老板：

第一个老板，河南矿山起重机集团的老板崔培军。天下有几个老板不是愿意自己钱多而是希望员工钱多呢？崔培军值得称赞。他最喜欢给员工发钱，他看到员工数钱时那种快乐，他心里也乐，这是真正有良心的老板，他愿意让自己的员工赚到钱。

第二个老板，胖东来的老板于东来。你看营业额200亿的时候，他的利润只有两个亿，因为他对员工太好，生怕员工赚不到钱。很多超市根本不明白这个道理，说怎么样才能给顾客服务好呢？给员工足够多的钱，你对员工好，员工就会对顾客好，很多人不明白这样一个朴素的企业管理的道理。

第三个老板，白象集团的董事长姚忠良。他拒绝日本入资白象集团，而且他雇的员工1/3都是残疾人，且同工同酬非常平等。你想，对残疾人这么好的老板，那肯定都是有良心的老板。

（发布于视频号：华红兵移动营销）

## 【视频解析】

该视频发布于2024年11月，迅速获得了全网超过1500万的流量，成功地跳出了“伪需求”的陷阱。要辨别自己的视频内容是否陷入了“伪需求”陷阱，创作者需要认清三个关键问题：

首先，明确目标受众的真实兴趣所在。例如，并非所有用户都会对河南企业家感兴趣，但河南本地的观众可能会格外关注这一话题。因此，该视频聚焦于这些企业家的优点，尤其是他们如何对待员工，从而吸引了那些真正关心这一点的用户。

其次，为了使用户认同视频中的观点，内容必须基于可靠的事实依据。在这条视频中，作者列举了3位最宠员工的老板，并提供了具体而真实的理由。这些事实不仅增强了内容的可信度，也更容易打动观众的心。

最后，短视频是否会被竞争对手替代，取决于其内容的独特性。这条视频的观点是作者阅读大量资料后独立总结归纳而成的，具有原创性和独特性。这种独特性使其在众多同类内容中脱颖而出，难以被其他视频所替代。

通过精准定位目标受众、提供有说服力的事实依据以及保持内容的独特性，该视频成功地避免了“伪需求”的陷阱，成为一个广受欢迎的爆款作品。这不仅展示了创作者对市场需求的深刻理解，也为其他内容创作者提供了宝贵的启示。

| 第二节 |

# 洞察需求，精准获取刚需

用户刚需可以通过两种主要途径来获取。第一种是用户自带的刚性需求，这类需求通常是用户在日常生活中必不可少的，无论市场如何变化，用户这类需求始终保持稳定。例如，对于健康、安全和教育等方面，用户总是有着持续而强烈的需求。第二种途径则是短视频创作者基于“双向锚定理论”“创造”出来的用户刚需。“双向锚定理论”指出，用户原本的需求可能是弹性需求，并且市场上存在竞争对手提供的功能替代方案。然而，通过运用短视频移动营销的独特原理和方法，创作者可以改变用户需求的硬度，将弹性需求转化为刚性需求。这种转化的关键在于内容的创新性和互动性，以及对用户心理的深刻理解。

具体来说，创作者可以通过以下几种方式获取用户的刚需：

**情感共鸣：**通过讲述真实故事或分享感人瞬间，触动用户的情感，从而增强他们对特定内容的关注度。

**提供实用性信息：**提供具有实用价值的信息或解决方案，帮助用户解决实际问题，提升内容的不可替代性。

**提升互动体验：**利用短视频平台的互动特性，如评论、点赞、转发等，增加用户的参与感和归属感，进而加深其对内容的依赖。

**个性化推荐：**根据用户的兴趣和行为数据，进行精准的内容推送，满足用户的个性化需求，提高用户黏性。

通过这些方法，短视频创作者不仅能够准确捕捉到用户现有的刚性需求，还能通过创意和策略将潜在的弹性需求转化为刚性需求，从而在激烈的市场竞争中脱颖而出，实现流量的持续增长。

## 视频文案：刀郎广州演唱会有六个没想到

刀郎的广州演唱会有六个没想到：

第一个没想到：没想到刀郎又哭了。刀郎可不是个演员，他就是一个纯粹的歌唱家，那不是假哭，那是真情流露。

第二个没想到：全场那么多曲子，那么多乐器，竟然没有一个指挥，可见他们之间的音乐配合有多默契。

第三个没想到：刀郎从头到尾的服装都是圆领衫、绿军裤，全场不换衣服，没有奇装异服，没有那些绚丽的灯光。

第四个没想到：场内2万多人，场外5万多人，直播线上1000多万人。这哪是刀郎的现场音乐会，这是全国人民都在听刀郎的演唱。

第五个没想到：刀郎的歌声如此地轻盈，他每一首歌都有带我们回到青春的感觉。刀郎一首歌让我们穿越回20年前，没人有刀郎这个能力，一个人的演唱会顶得上群星演唱会。

第六个没想到：3小时28首歌曲，广州这么热的天，刀郎在那站着唱，没喝过一口水，这才叫尊重用户、尊重粉丝。

（发布于快手：华红兵大师干货）

## 【视频解析】

该视频发布于2024年10月，全网流量超过500万，成功地运用了“双向锚定理论”改变了用户需求的硬度。刀郎演唱会作为2024年的社会热点话题，热度持续不减，吸引了众多博主争相发布相关短视频内容。然而，在竞争如此激烈的情况下，该视频仍能脱颖而出，获得超高流量，关键在于作者巧妙地运用了短视频移动营销的原理，精准击中了用户的痛点，引发了广泛的关注。

视频标题中的“六个没想到”是作者原创的内容，这种独特性不仅增加了视频的吸引力，还通过新颖的角度重新定义了用户对这一热门话题的需求。这种创新使原本可能只是弹性需求的话题变得具有刚性，增强了用户黏性，最终使该视频成为爆款。

关于供给侧和需求侧之间关联关系的新范式，是指用户需求与短视频内容生产之间的精准匹配。这种匹配通过有效的沟通实现，而人手一台智能终端为这种沟通提供了便利条件。值得注意的是，这种信息沟通所创造的精准匹配，不同于过去那种内容创作者单方面灌输内容的方式，也不同于完全个性化的定制。它是一种更具互动性和更为动态的过程：用户在观看短视频的过程中寻找属于自己的个性和价值，而短视频创作者则通过视频内容与用户的互动，从用户的个性化需求中挖掘出共性的内容。这种双向互动不仅提升了用户体验，也为创作者提供了宝贵的创作灵感和方向。

## 视频文案：错过山东女孩后悔一辈子

我这辈子最后悔的是没能娶一个山东女孩，为什么？

第一，山东女孩美。别的省的女孩皮肤美，像江南女孩皮肤水灵，四川、重庆的女孩皮肤白皙，偏偏山东的女孩轮廓美。您知道轮廓有多重要吗？那是基因，对下一代来说太有好处了，人家山东女孩天生都是美人坯子。

第二，山东女孩的身形高，平均身高一米七。

第三，山东女孩特别豪爽仗义，而且不矫揉造作，能吃能喝能吃苦，性格开朗，而且还旺夫，对家人好，出门独当一面，在家贤惠。所以你娶一个山东媳妇真的很省心，几千年来最值得信赖的还是山东女孩，你觉得呢？

（发布于抖音：华红兵谈商业思维）

【视频解析】

该视频发布于2024年10月，全网流量突破300万，成功地吸引了大量观众的关注。视频以“错过山东女孩后悔一辈子”这一引人注目的观点为核心，从三个方面详细阐述了这一观点的合理性。作者不仅用数据和生动的例子支持自己的论点，还巧妙地运用了互动策略，增强了用户的参与感。

视频的结尾处，作者向用户发问：“你觉得呢？”这一简单的提问不仅激发了观众的思考，还能激励用户在评论区分享自己的看法。这种互动方式不仅提升了用户的沟通欲望，还极大地提高了评论区的活跃度。通过这种方式，视频不仅传递了信息，还构建了一个社区，让用户在观看视频的同时，能够参与到讨论中，进一步增加了视频的吸引力和传播力。这种双向互动的模式，使视频不是单方面的知识灌输，而变成了一场有意义的对话，最终收获了可观的流量。

在“双向锚定”的概念中，创作者和用户都不是市场的绝对中心，市场的真正核心是那些能够同时获得双方认同的短视频内容。这种认同涵盖价值共识、兴趣爱好、情感归宿以及偏好认同等多个方面。短视频创作者和用户之间不需要刻意讨好对方，因为每一种价值认同的定位都会自然而然地吸引一部分具有相同兴趣和价值观的人群，从而形成一个独特的“圈子”。

对于那些不认同创作者所生产内容的用户，即使创作者费尽心思去讨好他们，也很难将他们拉入既定的圈子里。这就是短视频移动营销中常提到的“圈子文化”。在这种文化中，内容的吸引力和用户的黏性更多地依赖于内容本身的质量和目标受众的共鸣程度，而不是单方面的努力或讨好。因此，创作者应当专注于打造高质量的内容，精准定位目标受众，并通过互动和沟通的方式来增强用户的参与感和归属感，从而建立起稳固且活跃的粉丝群体。

## 视频文案：这就是退休后最好的旅行方式

退休以后，最好的旅行方式是什么？是与时间做伴，没事干就买两张绿皮火车票，慢慢悠悠地一站坐到终点。在火车上买点下酒菜，小酌一杯。在美美的回忆中看时间穿越，赏沿途风景。快到终点的时候，通过移动互联网去订一个小旅馆，玩上几天，住上几天。既拉动了当地消费，又有满满的幸福感。然后再坐绿皮火车原路返回，一路走一路看，一路满满的回忆，把大好河山尽收眼底。你觉得这样的生活，是不是我们退休后真正应该过的生活？

（发布于抖音：华红兵点赞大运河）

## 【视频解析】

该视频发布于2024年7月，全网流量超过1100万，成功吸引了大量观众的关注。作者在视频中总结并分享了自己认为最好的旅游方式，并围绕“退休”这一话题展开讨论，特别吸引中老年退休群体。这类群体在价值共识、兴趣爱好等方面与视频创作者高度契合，因此，很容易转化为账号的目标用户。

视频通过对退休后乘火车旅行的场景描述，引发了中老年用户的共鸣。这些用户基于对作者观点的认同，会主动采取点赞、评论和分享的行为，从而为视频带来更多的流量。这种互动不仅增强了视频的传播力，还促进了社区的形成，使更多有相同兴趣和价值观的用户聚集在一起，形成了一个活跃且忠实的粉丝群体。通过精准定位目标受众，并提供高质量的内容，该视频不仅收获了高流量，还建立了稳固的用户基础。

## |第三节|

# 文案巧思，刚需无缝融入

在短视频中，通过文案的巧妙构思将用户的刚需融入，是提升内容吸引力和传播效果的关键。

第一，明确目标受众的需求是基础。例如，如果目标受众是中老年退休人群，他们的刚需可能包括健康、休闲旅游、家庭生活等方面。文案应围绕这些需求展开，提供实用的信息或情感共鸣。

第二，文案需要简洁有力且富有感染力。使用简短的句子和直观的语言，确保信息传递清晰。例如，在介绍旅游方式时，可以使用“轻松游遍世界，享受退休生活的每一刻”这样的表述，直接触动用户的情感。

第三，利用“故事化”手法增强文案的吸引力。通过讲述真实的故事或案例，让用户感受到内容的真实性和有效性。例如，分享一位退休老人如何通过某次旅行重拾青春活力的故事，能够引发观众的共鸣。

第四，设置互动环节，激发用户的参与感。在视频结尾处加入提问或邀请用户分享自己的经历，如：“你最难忘的一次旅行是去哪里？为什么？”这样不仅增加了评论区的活跃度，还能进一步挖掘用户的需求，为后续内容创作提供参考。

第五，结合视觉元素强化文案效果。通过配图、动画或字幕等视觉手段，使文案更加生动有趣，从而更好地吸引并留住用户。通过这些方法，短视频创作者可以有效地将用户的刚需融入文案，提升内容的整体质量和传播效果。

## 视频文案：十大凉爽城市，夏天不用开空调

中国最适合夏天去旅居的城市，排名第一的，你们谁都没想到是大同。大同不仅是个千年古城，而且它还是美食之

城。大同夏天的晚上睡觉不用空调，凉爽得不得了。到大同的时候，有时间可别忘了去看一看悬空寺和北岳恒山。

第二个地方是昆明。昆明四季如春，夏天它当春天过。

第三个地方是承德。那有清朝皇帝建的避暑山庄，就在我老家河北。因为承德那个地方地势高，所以到了夏天的时候，不仅是睡觉需要盖被子，还没蚊子。

第四个地方是青岛。青岛作为一个海滨城市，到了夏季，海风会带你进入凉快的梦乡，所以它是海滨宜人。

第五个地方，我觉得是六盘水。那个地方叫“凉爽之都”，凡是去过贵州六盘水的，都知道夏天是爽爽的。

第六个地方是大连。那是个海风送爽的地方。

第七个地方是厦门。厦门那个地方，它真是夏天的“门”哦，景好，当地吃得也好，它就在海边，离海近。

第八个地方是拉萨。那个地方阳光明媚，而且很凉爽，因为它海拔高。

第九个地方是哈尔滨。各位别忘了哈尔滨这个城市，有文化底蕴，是中西方文化交融的地方。不仅如此，东北人的憨厚正直，您到了哈尔滨就能够充分感受到。到了哈尔滨，吃正宗的东北菜，过一个凉爽的夏天。

第十个城市我觉得是贵阳。贵阳被称为“小香港”，气候宜人，尤其到了傍晚的时候，吃上一锅贵州菜，喝贵州的酒，听贵州的歌，跳贵州的舞，感受贵阳，感受不需要用空调的贵阳的夏季凉爽。

以上十个地方，我觉得都是适合夏天去的城市。

（发布于抖音：华红兵营销策划）

【视频解析】

该视频的点赞、评论、收藏和转发4项指标均表现优异，全网流量更是突破了2000万，取得了显著的成功。这条视频精准地解决了人们在夏天酷暑难耐而不知去处的痛点。视频以“中国最适合夏天去旅居的城市”为切入点，特别是将大同列为第一，这一独特视角不仅增加了内容的吸引力，还引发了广泛的讨论。视频标题“十大凉爽城市，夏天不用开空调”直接击中了观众的好奇心，激发了他们对榜单的兴趣。观众们不仅关心哪些城市榜上有名，也好奇自己所在的城市是否位列其中，这种悬念感有效地吸引了大量观众的关注。

作者在视频中不仅列出了这些城市，还画龙点睛地介绍了每个城市的特色，融入了丰富的文化历史和自然风光内容。通过这种方式，视频不仅提供了实用的信息，还让观众在获取信息的同时感受到乐趣。这种结合了实用性和娱乐性的内容设计，使观众在轻松愉快的氛围中接受了推荐，从而实现了高流量和高互动率。

## 第四节

# 效果显著，满足带来增长

当用户的刚需得到满足时，短视频内容将产生一系列积极的效果，这些效果不仅能提升视频的流量，还能增强粉丝的黏性和数量，最终带来更多变现机会。以下是具体的表现和逻辑关系：

### （一）流量提升

**吸引新用户：**当内容精准满足用户需求时，会迅速吸引大量新用户点击观看。例如，如果一个视频解决了夏季避暑的痛点，那么在炎热的夏天，这类视频很容易被广泛分享和传播。

**增加曝光率：**满足用户刚需的内容往往会被平台算法推荐给更多潜在用户，从而增加视频的曝光率。平台更倾向于推广那些能够留住用户并提高用户活跃度的内容。

### （二）粉丝黏性提升

**增强信任感：**持续提供有价值的内容会让用户对创作者产

生信任感，他们更愿意长期关注和支持创作者。这种信任感是建立稳定粉丝群体的基础。

**提高互动率：** 满足用户需求的内容更容易引发观众的共鸣，促使他们点赞、评论和分享。这些互动行为不仅能增加视频的热度，还能增强粉丝与创作者之间的联系。

## （三）粉丝量上涨：

**口碑传播：** 当用户觉得某个视频非常有用或有趣时，他们往往会自发地向朋友和家人推荐。通过口碑传播吸引更多新粉丝。

**持续关注：** 一旦用户发现创作者的内容能够持续满足他们的需求，他们更有可能订阅频道，成为忠实粉丝。以此进一步扩大粉丝基础。

## （四）更多变现机会：

**广告合作：** 高流量和高黏性的账号更容易吸引品牌广告商的合作。创作者可以通过广告植入、品牌赞助等方式获得收入。

**电商变现：** 对于有产品或服务的创作者，满足用户需求的内容可以有效促进商品销售。例如，美食博主通过分享食谱和烹饪技巧，可以带动相关食材和厨具的销售。

**付费内容：** 随着粉丝黏性的提升，创作者还可以推出付费课程、会员服务等，为粉丝提供更加深入和专业的内容。从而实现多元化的变现途径。

由此可见，当用户的刚需得到满足时，短视频内容不仅能在短时间内吸引大量流量，还能建立起稳定的粉丝群体，并通过多种方式实现变现。这种良性循环使创作者能够在激烈的市场竞争中脱颖而出，实现持续的增长和发展。

## 视频文案：中国文化的根就在山西

中国文化的根就在山西，为什么这么说？“三皇五帝”的尧、舜、禹均与山西有紧密的联系；中国历史上的“四大美女”，有两位出自山西，分别是貂蝉和杨玉环；中国著名的佛教名山——五台山，就在山西。《三国演义》的作者罗贯中，山西人；中国有“三大名窟”，云冈石窟在山西；中国有“五岳”，北岳恒山在山西。您到了太原和大同，看到九龙壁，您才知道为什么说我们是龙的传人。从槐树底下走出来，住在平遥古城，路过壶口瀑布，遥望应县木塔，听悬空寺的铃声，夜宿王家大院，访太原晋祠，过雁门关，登恒山看云冈石窟，从五台山上下来，再在平型关走几步中国自信的步伐。

（发布于快手：华红兵移动营销）

## 【视频解析】

本视频的流量超过300万，成功地展示了山西深厚的文化底蕴。视频内容从“三皇五帝”的历史人物讲到“四大美女”，从佛教名山讲到文学名著，从自然景观讲到人文古建，全方位、多层次地呈现了山西文化的博大精深。通过这种丰富且层次分明的内容设计，使观众在短时间内能够全面了解山西的文化精髓。

视频的结尾部分尤为精彩，通过一句“中国自信的步伐”，将观众的情感升华到对国家文化的自豪和自信，这句话不仅激发了观众的共情，还增强了视频的感染力。这种情感上的共鸣使视频更具吸引力，进一步推动了其传播效果。

在移动互联产业背景下，消费者不再愿意为单向的信息传播埋单，这使营销与用户之间的互动变得更加重要。场景营销的本质是建立品牌与用户生活的链接，让营销进入真实的环境。在这个视频中，作者巧妙地将山西的多种文化元素娓娓道来，将文化场景融入文案，与观众形成有效互动。这种创意不仅使用户在场景中拥有个性化的感受，还产生了强烈的共鸣。

通过这种方式，视频不仅传递了丰富的文化信息，还构建了一条与观众紧密相连的情感纽带。观众在观看视频的过程中，不仅能感受到山西的文化魅力，还能在情感上与之产生共鸣，从而增强了视频的影响力和传播力。这种互动式的营销不仅提升了用户的参与度，也为品牌的长期发展奠定了坚实的基础。

# 第四章 高频互动，黏性提升

高频互动是创作优质短视频不可或缺的一环，它显著提升用户的参与感和忠诚度。通过评论、点赞、分享等互动方式，创作者能即时获取反馈，了解观众喜好与需求，进而优化内容方向。互动不仅限于单向输出，更是建立社区氛围、增强用户黏性的桥梁。积极回应用户评论、发起话题讨论或挑战，可以激发用户的创作热情，形成良性循环，增加视频的曝光率和传播效果。此外，互动数据为平台算法提供重要参考，有助于提高推荐权重，吸引更多流量。总之，高频互动能够使短视频更具生命力和影响力，推动内容不断迭代创新。

## | 第一节 |

# 高频互动，用户常驻于心

在短视频移动营销中，“高频”指的是某条短视频主题或内容被重复提及或使用的概率较高。根据这一特征，可以将短视频内容分为高频产品、高频服务、高频市场和高频交易四种类型。从用户消费的需求频次和单次价值来分析，又可以将这些需求分为四个象限：暴利区、利润区、引流区和雷区。

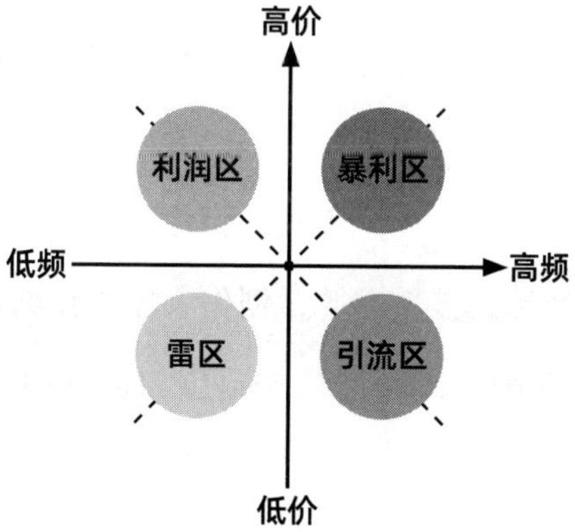


在这四个象限中，最常见的是两个象限的需求：高频低价和低频高价。针对这两种需求，常见的策略是利用高频低价的

需求来吸引用户，即引流。高频场景提供了更多与用户互动的机会，而低价的轻决策场景则降低了用户的参与门槛，从而更容易吸引大量用户。一旦用户被吸引进来，就可以通过低频高价的需求创造利润，从而实现流量的转化和变现。

在短视频移动营销的世界里，“高频找用户，低频做利润”的营销组合策略非常常见。这种策略的核心在于，首先，通过高频低价的内容吸引大量用户，建立起稳定的用户基础；然后通过低频高价的内容或服务来实现盈利。例如，一个美食博主可以通过频繁发布简单的食谱视频（高频低价）来吸引用户，然后再推出付费的烹饪课程或高端食材推荐（低频高价）来实现变现。

然而，在实践中，刚需且高频的短视频几乎找不到爆火的机会。相反，那些既不高频也不刚需的内容才是市场的常态。这是因为刚需且高频的内容往往已经有很多竞争者在做，难以脱颖而出。而那些能够满足特定用户群体独特需求的内容，虽然可能不是刚需且高频，但因其独特性和创新性，反而更容易获得用户的关注和喜爱。因此，创作者需要在高频低价和低频高价之间找到平衡点，通过精准定位和创新内容来抓住市场机会。

## 视频文案：来淄博长者食堂体验人间美味

长者食堂，美味佳肴。这地方你看看，这么多人在排队，这是我今生第一次吃到长者食堂的饭菜，看这么多菜，你猜猜这多少钱？待会我结账会告诉你。长者食堂，真的很棒；长者食堂，老年人的希望。

（发布于抖音：华红兵点赞大运河）

【视频解析】

该视频发布于2024年7月，全网流量超过1100万，取得了显著的成功。视频的文案短小精悍，重点在于作者在淄博长者食堂的亲身体验。通过在现场进行拍摄，视频生动地展现了淄博“人间烟火”的氛围，让观众仿佛身临其境。视频内容采用低价高频的需求模式，成功实现了引流。这种模式不仅降低了用户的参与门槛，还增加了用户与内容互动的机会。作者通过真实、接地气的体验分享，吸引了广大用户的关注和点赞。视频中展示的长者食堂不仅提供了实惠的餐饮服务，还传递了温暖和关怀，触动了观众的情感共鸣。

这种贴近生活的主题和真实的现场体验，使视频在短时间内获得了大量的流量和积极反馈。观众不仅被吸引来观看，还积极参与评论和分享，进一步扩大了视频的传播范围。通过这种方式，视频不仅展示了淄博的独特魅力，还有效提升了城市的知名度和美誉度。

|第二节|

# 解码算法，揭秘背后逻辑

讨论高频应用的背后，离不开互联网的支撑。互联网正在将现实世界中的各种事物紧密联系在一起，无论是台式电脑、手机、汽车还是一串钥匙，都可以通过互联网实现互联互通。因此，从理论上讲，在互联网平台上提供大量服务的公司成功的可能性最大。

在数字时代，推荐系统（recommendation engine）对大多数人来说并不陌生。有些人甚至将其类比为“旧时代的 AI 系统”。尽管与未来的人工智能相比，推荐系统缺少诸如图像识别或语音识别等令人眼花缭乱的特效，但它依然非常实用和强大。目前，各大平台都在广泛使用这一系统，以提升用户体验和业务效果。

实时推荐系统需要强大的数据支持，包括数据的收集和存储，以支持其在多个抽象层面（如算法层面、服务层面和应用程序层面等）的工作，从而解决实际业务问题。以抖音为例，抖音的推荐系统可以简单概括为“以用户为中心”（User-Centric Design）。换句话说，抖音只会推荐用户喜欢的内容，无论是刚刚注册的新用户还是活跃的老用户——当然，用户越活跃，推荐的内容也就越精准。

具体来说，抖音的推荐系统通过以下几个步骤来实现精准推荐：

**数据收集：**系统会收集用户的浏览历史、点赞、评论、分享等行为数据，以及用户的设备信息、地理位置等。

**数据分析：**通过对收集到的数据进行分析，系统能够识别用户的兴趣偏好、行为模式和潜在需求。

**内容匹配：**基于用户的行为数据和兴趣偏好，系统会从庞大的内容库中筛选出最符合用户喜好的视频。

**个性化推荐：**系统会根据用户的反馈不断调整推荐策略，确保推荐的内容越来越贴近用户的兴趣。

**实时更新：**推荐系统会实时更新推荐内容，确保用户每次打开应用都能看到新鲜且感兴趣的内容。

这种以用户为中心的设计理念，使抖音能够在海量内容中精准地找到用户感兴趣的部分，并持续吸引用户，从而实现高频应用的效果。通过这种方式，抖音不仅提升了用户体验，还增强了用户黏性，最终推动了平台的持续增长和发展。

## 视频文案：铁血军团，川军从不负国

真的要向四川人致敬，抗战的时候，川军展现了极高的爱国热情和牺牲精神，为国家做出了巨大贡献。川军从不负国，国家强盛的时候，四川人打工；国家危难的时候，四川人扛枪。抗日战争期间，日军从来没有踏进四川，但川军是最坚决抗日的一个军团之一，举起枪就前去抗日。我们真的要向历史上的川军致敬。

四川人为什么能做到不负国呢？两个原因：一是四川人的基因是创新，敢想敢干；二是他们能吃苦耐劳。四川的基因就是勤奋与创新。

（发布于抖音：华红兵品牌营销）

**【视频解析】**

该视频发布于2023年12月，全网流量超过800万，取得了显著的成功。视频主要讲述了四川人的爱国精神，内容深情且富有感染力。根据抖音的推荐系统，这条视频被精准推送到四川用户的手机上，引发了广泛的共鸣和积极的反馈。

抖音的推荐系统通过分析用户的行为数据和兴趣偏好，能够将相关内容精准地推送给最有可能感兴趣的用户群体。在这种情况下，视频中的爱国主题与四川用户的强烈情感共鸣相结合，使视频迅速获得了四川用户的关注和好评。用户们不仅在评论区发表了对视频内容的支持和认同，还积极转发给更多的朋友和家人，进一步扩大了视频的传播范围。

这种精准推送和用户积极参与的双重效应，使视频在短时间内积累了大量的流量。最终，视频凭借其高质量的内容和强大的情感共鸣，成功吸引了800多万的观看量，成了一条爆款视频。这也展示了算法推荐在提升内容传播效果方面的强大作用。

在抖音的工作系统中，有三个主要的板块来实现这一过程：

**用户标记内容：**用户通过点赞、评论、分享等行为对内容进行标记，这些行为数据会被系统收集和分析，帮助系统了解用户的具体兴趣点。

**创建用户的肖像及使用场景：**系统根据用户的行为数据创建详细的用户画像，包括用户的兴趣偏好、活跃时间、地理位置等信息。同时，系统还会构建用户的使用场景，了解用户在不同时间和情境下的需求。

**训练机器学习算法：**基于用户标记的内容和用户画像，系统会不断训练和优化机器学习算法。这些算法能够更准确地预测用户可能感兴趣的内容，并进行个性化推荐。随着用户行为数据的积累，算法会越来越智能，推荐的内容也会越来越精准。

通过这三个板块的协同工作，抖音的推荐系统能够持续提升用户体验，确保用户看到的内容既丰富又符合个人喜好。这种精准推荐机制不仅提升了用户的满意度，还增加了平台的用户黏性和活跃度。

|第三节|

# 数据说话，解读用户行为

在短视频创作中，数据是实现精准内容推送和用户定位的基础。如果创作者希望将自己创作的内容更精准地投向目标用户，数据将成为不可或缺的工具。数据可以分为三个主要部分：内容数据、用户数据和场景数据。通过这些数据，创作者可以更好地理解用户的行为模式和偏好，从而制定更有效的内容策略。

**内容数据：**内容数据是指用户在使用新媒体平台过程中产生的大量互动数据，包括观看记录、点赞、评论、分享等。这些数据可以帮助平台对内容进行分类和归类，以便日后进行更加精准的推荐。例如，系统可以通过分析用户的点赞和评论等数据，了解哪些类型的内容最受欢迎，哪些主题更容易引发共鸣。此外，内容数据还可以帮助创作者发现当前流行的趋势和热点，从而调整自己的创作方向，提高内容的吸引力。

**用户数据：**用户数据包括用户在新媒体平台上留下的各种

标签、职业、年龄、性别等个人信息。这些数据能够帮助平台构建详细的用户画像，从而更好地理解每个用户的特点和需求。例如，通过分析用户的年龄分布，创作者可以针对不同年龄段的用户制作适合他们的内容；通过分析用户的性别比例，创作者可以调整内容的风格和主题，以吸引更多的目标受众。此外，用户的职业信息也可以帮助创作者了解用户的兴趣点，例如，白领用户可能更喜欢轻松幽默的内容，而学生用户可能更喜欢教育和娱乐结合的内容。

**场景数据：**场景数据是指用户在特定情境下使用新媒体平台的数据，如上下班途中、旅行时、休息时等。这些数据可以帮助平台和创作者了解用户在不同场景下的内容偏好。例如，上下班途中的用户可能更喜欢短小精悍、轻松有趣的内容，以便消遣；而在旅行时，用户可能更倾向于观看风景优美的旅游视频或实用的旅行攻略。通过分析这些场景数据，创作者可以更有针对性地制作内容，满足用户在不同时间和情境下的需求。

通过综合运用这三种数据，创作者可以更全面地了解用户的行为模式和偏好，从而制定出更加精准的内容策略。例如，创作者可以根据内容数据调整视频的主题和风格，根据用户数据优化内容的受众定位，根据场景数据选择在合适的时间和场合发布内容。这种数据驱动的方法不仅能够提升内容的吸引力和传播效果，还能增强用户的黏性和满意度，最终实现流量的增长和品牌的提升。

## 视频文案：发现湖北人具有五大优点

湖北人有什么优点？我接触了很多湖北人，帮湖北人作出总结。

第一，湖北人会看准风口，顺势而为，像雷军投身新能源汽车。

第二，湖北人创新意识非常强烈。

第三，湖北人很豪爽，广交朋友。因为湖北地处中国中部交通要道，不管是水路还是陆路，在历史上，湖北都是中国重要的交通枢纽，所以湖北人豪爽，广交朋友。

第四，湖北人很团结。武汉的那些大学相互比赛，比的是哪一所大学的校友捐款最多，可以看出湖北人特别团结。尤其是从湖北武汉高校走出来的毕业生，他们都懂得将来赚了钱以后回报母校。

第五，湖北人非常懂得感恩。因为湖北人从小注重教育，湖北人不管是穷还是富，在历史上他们都把教育放在首位。所以你看到的湖北人，个人的道德修养都特别高，这就是最牛的湖北人。

（发布于抖音：华红兵商业讲坛）

**【视频解析】**

该视频发布于2024年8月，全网流量超过500万，取得了显著的成功。这条视频之所以能够获得如此高的流量，关键在于抖音推荐系统的精准推送。从视频主题来看，作者讲述了湖北人的五大优点，内容生动且富有感染力。推荐系统首先根据视频内容将其精准推送给湖北用户，这些用户在观看视频后，自信心和荣誉感得到了极大的提升，产生了强烈的共鸣。

此外，该视频还围绕城市进行宣传，展示了湖北的独特魅力和文化底蕴。推荐系统会将此视频归类为城市宣传内容，进一步扩大了其受众范围。这种宣传不仅提升了湖北的知名度，还对当地的文旅产业起到了积极的推动作用。

通过算法推荐，短视频能够获得更精准的流量推送，从而有效提高账号的曝光率和互动率。这种精准推送不仅吸引了大量目标用户，还促进了账号的涨粉和转化。观众在观看视频后，不仅会点赞、评论和分享，还会关注创作者的其他内容，形成良好的用户基础。这种良性循环使视频不仅在短时间内获得了高流量，还为创作者带来了持续的关注和影响力。

## |第四节|

# 活用数据，增强粉丝黏性

一旦搜集好数据，接下来的关键步骤就是将这些数据应用在不同的功能中，以增强粉丝的黏性和互动。以下是几种主要的数据应用方式。

**关联功能：**这类功能包括根据标签推荐、关键词搜索、标签分类、内容标签、资源搜索和主题标签等。通过这些功能，平台可以更精准地向用户推荐相关的内容。例如，如果用户经常观看与美食相关的视频，系统就可以根据用户的浏览记录和互动行为，自动为其推荐更多美食类的内容。此外，关键词搜索和标签分类功能可以帮助用户快速找到其感兴趣的内容，提高用户体验。

**用户/场景重现功能：**这类功能基于场景数据（如用户的地理坐标、时间表、事件标签等），重现用户观看视频的具体场景。例如，系统可以分析用户在不同时间段（如上下班途中、午休时、晚上休息时）的观看习惯，从而推荐适合该时间段的内容。如果用户在周末经常观看旅游视频，系统可以在周末时优先推荐与旅游相关的内容。这种个性化的场景重现功能能够更好地满足用户在特定情境下的需求，提升用户的满意度和黏性。

**协同功能：**这类功能不仅会分析单个用户留下的数据，还会分析相似用户组的数据（包括点击的内容、兴趣、爱好、厌恶、关键词、主题等）。通过这种方式，系统可以发现用户之间的共性，并据此推荐更多用户可能感兴趣的内容。例如，如果一群用户都对某个特定的舞蹈风格表现出浓厚的兴趣，系统可以将这一风格的视频推荐给其他具有相似兴趣的新用户。这种协同过滤的方法能够帮助平台发现用户潜在的兴趣点，扩大内容的覆盖面，同时能够提高用户的参与度。

通过这些数据驱动的功能，创作者和平台可以更深入地了解用户的行为模式和偏好，从而提供更加个性化和高质量的内容。这不仅能够增强粉丝的黏性，还能提升用户的整体体验，最终实现账号的持续增长和发展。

## 视频文案：去一趟云南，根本不用出国

云南省以其丰富的自然景观和多元的民族文化，成为中国最受欢迎的旅游目的地之一。你根本不用出国，去一趟云南就够了。云南除了大海、沙漠，其他景色云南都有。到了云南，夏天去的时候不用开空调，昆明四季如春，还有“动物王国”“植物王国”“有色金属王国”之称。亚洲最大的鲜

花交易市场，全中国最大的普洱茶产区，全中国最大的野生菌市场（平均每天可出产300吨野生菌），全国最大的热带雨林自然保护区，万里长江第一峡谷的虎跳峡，世界上最高的大桥——北盘江大桥等都在云南。您要是到云南来旅游，景点我数都数不过来，因为它的景色像周游全世界一样，几乎能感受到所有的自然风光。云南是中国旅游的宝，何必去国外呢，来云南旅游吧。

（发布于抖音：华红兵金钥匙营销）

## 【视频解析】

该视频发布于2024年7月，全网流量超过300万，取得了显著的成功。从视频下方的正文来看，该视频添加了“云南”的标签，这一标签的使用有助于视频更精准地推送给目标用户，即云南本地用户或有意向前往云南旅游的用户。通过这种方式，视频能够迅速吸引到对云南感兴趣的用户群，提升观看率和互动率。

借助推荐系统统计的数据，创作者可以不断优化和更新内容。例如，通过分析用户的点赞、评论和分享行为，创作者可以了解哪些内容最受欢迎，哪些主题更容易引发共鸣。此外，推荐系统还可以提供详细的用户画像，包括用户的地理位置、兴趣偏好、活跃时间等信息。这些数据可以帮助创作者更好地理解用户的需求，从而制作出更符合用户期待的内容。

具体来说，如果数据显示用户对云南的自然风光特别感兴趣，创作者可以增加更多关于云南美景的视频；如果用户对当地的美食文化表现出浓厚的兴趣，创作者可以制作更多关于云南特色美食的内容。通过这种数据驱动的内容优化策略，账号不仅能够保持高流量，还能增强粉丝的黏性和忠诚度，最终实现持续增长和发展。

在推荐系统模型中，点击率、观看视频的时间、点赞数量、评论等都是可以量化的指标。以抖音平台为例，为了维护社区的纯净和用户体验，必须剔除含有色情、暴力、网络谣言欺骗消费者的内容等。在这种情况下，除可量化的学习框架外，还需要搭建一个控制边界的框架，即内容审核系统。

推荐系统的成长过程可以被视为机器学习的典型例子。通过算法（包括过滤模型、优化模型、回归模型等），整个推荐机制得以不断完善。抖音的推荐系统不仅依赖于主要算法，还会根据用户画像制定特殊的算法，具体的算法系统包括优化层级分类。这些算法共同作用，确保内容的精准推送和用户体验的提升。

抖音的系统中包含实时学习的机制。通过捕捉和分析用户留下的数据，系统可以快速提供反馈。例如，当用户点击某一种视频后，抖音会根据这一信息迅速更新该用户的“喜好库”。随后，系统会根据这一变化立即推荐类似的视频。这种实时学习和反馈机制使推荐系统能够不断适应用户的变化需求，提供更加个性化和相关的内容。

此外，内容审核系统在推荐过程中也扮演着重要角色。它通过自动审核和人工审核相结合的方式，确保平台上发布的内容符合社区要求。自动审核系统利用图像识别、自然语言处理等技术，快速筛选出违规内容；人工审核团队则负责进一步确认和处理复杂情况。这种双重审核机制保证了内容的质量和安全性，为用户提供了一个健康、积极的社区环境。

通过这些综合措施，抖音的推荐系统不仅提高了内容推送的精准度，还增强了用户体验，最终实现了平台的持续增长和发展。

# 第五章 利基市场，细分制胜

利基市场（Niche Market）是指那些被主流市场忽视的小众、但有特定需求的细分领域。通过精准定位这样的市场，创作者可以针对特定受众提供高度相关和定制化的内容，满足他们的独特需求。这不仅减少了直接竞争，还增强了用户黏性和忠诚度，因为这些用户更易找到共鸣并建立深厚的情感连接。此外，专注于利基市场有助于积累专业知识，树立权威形象，吸引长期关注，并可能开拓出独特的商业机会。因此，发现并深耕利基市场是短视频成功的关键策略之一。

在短视频移动营销的底层逻辑中，利基市场是指创造出对应的用户价值与对称的创业利益，以及参与交易的各方价值链生态互动的利益关系的总和。简而言之，利基市场是一种各取所需、按价值利润分配制度驱动的生态系统。在这个系统中，所有推动交易的劳动者都能分享到相应的利益，从而形成一种良性循环。

利基市场的核心在于精准定位和细分市场。通过深入挖掘特定用户群体的需求，创作者可以为用户提供更具个性化和有针对性的内容，从而在竞争激烈的市场中脱颖而出。这种细分不仅能够满足用户的特定需求，还能为创作者带来稳定的收益和忠实的粉丝基础。

从更深层次来看，利基的高阶形态是利他主义。尽管“使命”“价值观”“愿景”等常常被视为品牌价值中的最高阶部分，但从底层逻辑来看，信仰才是比文化更高阶的精神属性。而在短视频内容创作中，利他信仰是所有内容中最高阶的奠基性思想。利他主义不仅体现在为用户提供有价值的内容，还体现在通过内容传递正能量和社会责任感。例如，一些创作者通过分享公益故事、环保理念或励志经历，不仅吸引了大量关注，还激发了观众的共鸣和行动。这种利他主义的内容不仅能提升品牌形象，还能增强用户的忠诚度和参与感。通过这种高阶的利他信仰，创作者能够在短视频领域建立持久的品牌影响力，实现长期的成功和发展。

总之，利基市场和利他主义是短视频移动营销中不可或缺的两个关键要素。通过精准定位和细分市场，创作者可以更好地满足用户需求；而通过利他主义的内容创作，创作者能够建立起强大的品牌价值和用户忠诚度。这两者的结合，将为短视频创作者带来持续的增长和成功。

## 第一节 小而美天地，认识利基市场

利基市场，又称“缝隙市场”或“补缺市场”，是指短视频创作者为避免在市场上与强大竞争对手发生正面冲突，而采取的一种策略。这种策略利用自身特有的条件，选择那些由于各种原因被强大 IP 忽视的小众市场。创作者通过全力满足这些市场的各种实际需求，从而达到牢固占领该市场的目的。

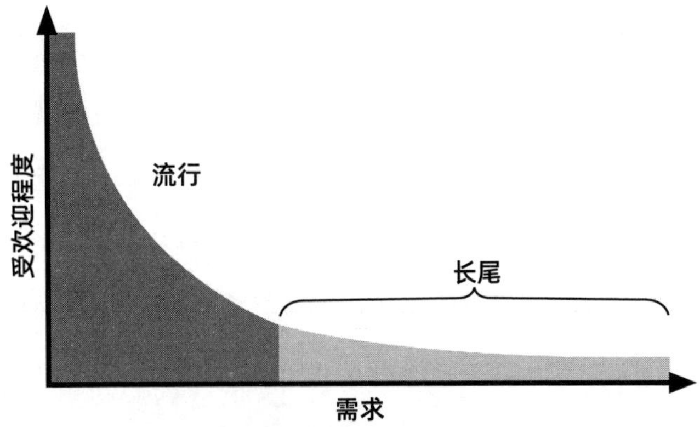


长尾效应示意图

在互联网时代，研究者基于长尾理论，将利基市场放在互联网平台上进行深入研究，发现互联网营销中同样存在显著的长尾效应。长尾效应（Long Tail Effect）是指从人们需求的角度来看，大多数的需求会集中在头部，这部分可以称为流行；而分布在尾部的是个性化的、零散的小量需求，这部分需求会在需求曲线上形成一条长长的“尾巴”，即“长尾”。尽管单个需求量较小，但将所有非流行的市场需求累加起来，就会形成一个比流行市场还大的市场。

在短视频移动营销中，长尾效应通常表现为一条短视频不仅在发布之初能够获得极高的流量与关注度，而且在视频发布后的一个月甚至更长时间仍然能保持流量增长。我们称这样的视频具有长尾效应。这意味着，即使初始流量不高，但通过持续的内容优化和精准的用户定位，视频依然可以在较长的时间内吸引新的观众，逐渐积累起可观的流量。例如，一个专注于小众手工艺教程的创作者，虽然初期可能只有少数人关注，但随着时间的推移，越来越多对手工艺感兴趣的人会发现并分享这些内容。最终，这个小众市场可能会发展出一个稳定的、高黏性的粉丝群体，从而带来持续的流量和收益。

利基市场和长尾效应为短视频创作者提供了一条独特的发展路径。通过精准定位和深耕小众市场，创作者不仅可以避开激烈的竞争，还能建立起稳固的用户基础，实现长期的流量增长和品牌影响力。

## 视频文案：为什么中医深受广东人的喜爱

全国人民病了都愿意去上海、北京治疗，唯独这群人里很难见到广东人。你去北京、上海的大医院看一看，人满为患，全国各地的病人都有，唯独广东人很少。广东人平时主要相信中医，广东的中医院全国有名，就连香港人、澳门人也经常来广东看中医。广东人天生不怕死，他们比较看淡生和死，他们的一生就干两件事：挣钱、花钱。广东人觉得，如果一个病连广东的中医都治不了，那就别去医院看了。你看看全国的中药材，1/3都让广东人拿去煲汤了，他有点啥病，就买点草药回去煲汤，他们相信每天煲的汤能煲出健康来。

（发布于视频号：华红兵谈思维）

【视频解析】

该视频发布于2024年10月，全网流量突破1000万，成了一条现象级的爆款视频。要实现长尾效应并持续获得流量，优质的内容是必不可少的支撑。这条视频凭借作者精心制作的内容，娓娓道来广东人追捧中医的故事，不仅在发布之初迅速走红，获得了上万的点赞和转发，还在后续的时间里持续吸引用户的关注。

视频内容深入浅出地讲述了广东人对中医的热爱和信任，触发了观众的情感共鸣。用户对该视频内容的价值观产生了强烈的认同与支持，纷纷点赞、评论和转发。这种积极的互动不仅增加了视频的曝光率，还进一步推动了其在平台上的推荐机制，使视频在点赞、转发和推荐三个方面都朝着“10万+”的趋势发展。

通过优质内容和情感共鸣的双重驱动，这条视频不仅在短期内获得了巨大的流量，还实现了长期的用户黏性和持续的关注，真正体现了长尾效应的力量。

基于研究对象的原因，任何理论都有其时代局限性。菲利普·科特勒（Philip Kotler）的利基市场概念主要研究的是工业经济时代的市场结构，而长尾效应的观念则形成于互联网时代。两者结合起来，演绎了两个不同时代的市场旋律。然而，自进入移动互联网时代以来，这些传统理论已无法完整解释短视频运营的规律，更难以精准解释受移动互联网影响并与工业革命 4.0 技术加速融合的短视频经济运营规律。

在移动互联网时代，信息的对称效应更强。用户可以轻松获取大量信息，并通过社交媒体、搜索引擎等工具进行即时分享和互动。这种高度的信息透明度改变了市场的运作方式。因此，短视频运营需要更加注重数据驱动和用户中心的策略，以应对信息对称效应带来的挑战和机遇。对于短视频创作者来说，这意味着他们需要更加关注用户的具体需求和行为模式，以提供更具针对性的内容。

此外，移动互联网时代的特点还包括用户行为的高度个性化和碎片化。用户不再满足于大众化的内容，而是追求更加个性化和定制化的体验。这要求创作者不仅要深入了解目标受众，还要灵活调整内容策略，以适应不断变化的用户需求。

在这种背景下，短视频平台的推荐算法发挥了重要作用。通过大数据分析和机器学习，平台能够更精准地识别用户的兴趣偏好，并推送相关内容。这不仅提升了用户体验，还为创作者提供了更多的曝光机会。因此，结合利基市场和长尾效应的理念，短视频创作者可以通过精准定位小众市场并提供高质量的内容，实现持续的流量增长和用户黏性的提升。

## |第二节|

# 新玩法攻略，利基战略升级

传统的利基战略是指企业为了避免在市场上与强大的竞争对手发生正面冲突，选择被大企业忽略的、需求尚未得到满足的、力量薄弱但有获利基础的小市场作为其目标市场的战略。这种战略通过专注小众市场，为用户提供高度定制化的产品或服务，从而在特定领域内建立稳固的竞争优势。

然而，在短视频移动营销中，利基战略得到了升级和扩展。新的利基战略不仅鼓励短视频创作者避免与行业巨头直接竞争，还鼓励他们利用移动应用和工业4.0的新技术，在快速变化的市场中形成独特的竞争优势。以下是一些适用于弱者战胜强者的成功策略，凝聚了短视频移动营销的战略智慧。

**精准定位：**短视频创作者需要深入研究并精准定位自己的目标受众。通过数据分析和用户调研，了解他们的具体需求、兴趣和行为模式，从而提供高度个性化的内容。例如，专注于某个特定的兴趣爱好或生活方式，如户外探险、手工艺制作等，可以吸引一批忠实的粉丝群体。

**技术创新：**利用工业4.0的新技术，如人工智能、大数据分析和增强现实（AR）等，为用户提供更加丰富和互动的体验。例如，通过AI算法优化内容推荐，提高用户的观看体验；利用AR技术创造沉浸式的互动内容，增加用户的参与度和黏性。

**内容创新：**提供独特且高质量的内容是吸引用户的关键。创作者可以通过讲述真实的故事、分享专业的知识或展示独特的技能，来吸引和留住观众。此外，定期更新内容，保持新鲜感和多样性，也是维持用户兴趣的重要手段。

**社区建设：**建立一个活跃的社区，鼓励用户之间的互动和交流。通过评论区、直播互动、社群活动等方式，增强用户的归属感和参与感。社区建设不仅能提升用户的忠诚度，还能帮助创作者更好地了解用户的需求。

**多平台联动：**除了在单一平台上发布内容，创作者还可以通过多平台联动，扩大影响力。例如，将短视频内容同步到社交媒体、博客和其他视频平台，利用不同平台的特点和用户群体，实现跨平台的流量增长。

通过这些策略，短视频创作者可以在激烈的市场竞争中脱颖而出，不仅避免了与行业巨头发生直接冲突，还能够在特定领域内建立起稳固的竞争优势。这种升级后的利基战略，不仅提升了创作者的市场竞争力，也为用户提供了更加丰富和个性化的体验。

## （一）聚焦利基市场，出奇制胜

### 视频文案：河南话才是真正的大雅之言

河南话才是真正的大雅之言。全网呼叫河南人，我就喜欢听河南话。一个字“中”；两个字“得劲”；三个字“真排场”；四个字，全网最短的对话，“谁我着尿”，河南，“中”。

不要觉得河南话土，河南话才是真正的大雅之言，而且还特别简洁、传神。比如说河南人不说租房，而说“赁一间房”；比如说鸡下蛋，河南话就说成了“嬔蛋”；呕吐怎么说呢？“哕了一地”；食物变质了，河南话就是“长醭子了”；锅里的水要是溢出来，用河南话就说汤“鬻出来了”；用容器盛水，河南话叫“摝水”；比如说我们的皮肤被锋利的刀划到了，用河南话就是“刺”了一下。你看河南话它特别传神，至今我觉得每一次听到河南话，不仅熟悉亲切，而且觉得河南话很雅。

说河南话的人都是雅士，你觉得呢？

（发布于视频号：华红兵移动营销）

### 【视频解析】

该视频发布于2024年11月，全网流量超过1000万，取得了显著的成功。作者没有选择热门地区作为讲述对象，而是独辟蹊径，选择了相对冷门的河南，相对热门地区而言，作者选择了一个“利基市场”——河南。视频的标题“河南话才是真正的大雅之言”，立刻吸引了观众的注意，视频内容通过详细列举河南方言的巧妙之处，有理有据，让用户信服并产生共鸣。

视频的成功不仅在于其独特的选题，更在于其优质的内容。作者通过深入挖掘河南方言的文化内涵和语言魅力，展示了其丰富性和独特性。这种内容不仅具有教育意义，还能够引发观众的情感共鸣。只有优质的内容才能真正打动用户，一条短视频要成为爆款，首先需要在内容上下足功夫，确保其既有深度又有吸引力。

通过精心打磨内容，这条视频不仅在短时间内获得了高流量，还持续吸引新用户关注和分享，形成了良好的口碑效应。这种以内容驱动的策略为创作者提供了宝贵的经验，即在竞争激烈的短视频市场中，精准的选题定位、优质的文案内容始终是吸引和留住用户的关键。

## 视频文案：未来的超级大都市，会是成都吗？

中国未来最大的城市是哪里？我觉得不会是“北上广”，也不会是深圳和杭州，中国未来最大的城市应该是成都。

您去成都就知道了，成都相当于2个上海，7个深圳，10个香港，12个纽约，139个巴黎。成都是目前除了北京和上海之外，有两座机场的城市。成都还是除北京之外，拥有七环的城市。你说它有多大吧！

成都是除了北京外，有4个火车站的城市，您去成都可别坐错了站，成都北、成都南、成都西、成都东，东南西北它就缺一个成都中。成都的私有车保有量居全国第一。成都的天府机场是距市区最远的机场，他们就想到了有一天成都能外扩到十环。

成都最长的六号地铁线全长60多公里。您坐完全程可能需要2小时。成都的七环，有400多公里，一圈跑下来，您得开5个小时的车。我终于把成都搞清楚了，原来成都有可能中国未来最大的城市。

（发布于视频号：华红兵移动营销）

## 【视频解析】

该视频发布于2024年8月，全网流量超过1000万，取得了显著的成功。视频内容聚焦成都，体现了作者的匠心独具。成都作为一座拥有优越自然条件和经济基础的城市，其发展速度却仍逊于“北上广深”等一线城市，这成为成都的一个痛点。作者敏锐地捕捉到这一问题，并大胆预言“成都是中国未来最大的城市”。这条视频中，作者不仅提出了这一大胆的预测，还通过翔实的数据来佐证这一观点。视频内容展示了成都的“都市感”，具体体现在城市面积、交通条件、基础设施建设等多个方面。作者通过对比数据，说明了成都的发展潜力和未来前景。

这种有理有据的分析不仅具有说服力，还能引发广大用户的共鸣和支持。观众在评论区纷纷表达对成都未来的期待和信心，视频也因此获得了大量的点赞、评论和分享。这种聚焦利基市场，并以内容驱动的策略不仅提升了视频的传播效果，还增强了用户的参与度和黏性。

## （二）瞄准高频内容，提升价值感

对于高频次浏览的短视频内容，用户最看重的是性价比。因此，在针对大众需求的高频市场中，短视频有机会通过高频利基策略从行业巨头手中“虎口夺食”。高频利基策略，也被称为性价比策略，是指短视频创作者通过优化供应链（Supply chain）和服务链，实现价值共识与利益共享，从而以短视频的形式向大众传递内容的卓越性价比，并向特定的用户群输送高价值的空间体验感。具体来说，创作者可以通过以下方式实施这一策略。

**优化供应链：**通过高效的供应链管理，降低成本并提高内容质量。例如，与优质的内容供应商合作，确保视频素材的高质量和低成本。

**提升服务链：**提供优质的用户体验，包括流畅的播放、清晰的画质和强互动性的功能。通过这些服务，增强用户的满意度和黏性。

**价值共识：**与用户建立价值共识，即通过内容传递用户真正关心的价值点。例如，教育类视频可以为用户提供实用的知识和技能，娱乐类视频则可以给用户带来愉悦和放松。

**利益共享：**通过广告分成、会员制度等方式，与用户共享利益。这不仅增加了用户的参与度，还提高了他们的忠诚度。

通过这些策略，短视频创作者可以在高频市场中脱颖而出，吸引并留住大量用户，最终实现从行业巨头手中夺取市场份额的目标。这种性价比策略不仅提升了内容的吸引力，还增强了用户的信任和忠诚度，为创作者带来了持续的增长和发展机会。

## 视频文案：刀郎我劝你，别再开演唱会了

刀郎，我劝你别再开演唱会了，你再开演唱会，你让别的那些大咖脸往哪放？好不容易赚点钱全都捐出去，而且一场成都演唱会搞得台上台下泣不成声，全国各地来的“刀迷”们声音哽咽，眼泪夺眶而出。您是真正把“刀迷”唱哭的一个人，谁能有这功夫把“刀迷”唱哭呢？因为刀郎阔别20年的歌曲里，有亲情，有爱情，有生离死别，有赞扬，有讽刺……这一切的背后都是刀郎的人生，刀郎的人生和普通大众的人生多么相似，艰难而不屈。我要把它称为“刀郎精神”。

（发布于快手：华红兵大师干货）

**【视频解析】**

该视频发布于2024年9月，全网流量超过500万，取得了显著的成功。浓缩即是精华，这条视频虽然简短，却清晰地向用户们讲述了什么是“刀郎精神”。作者以刀郎为话题，精准契合了短视频移动营销中的高频策略。在视频发布期间，刀郎作为社会热点人物，反复被大众提及和讨论，成为唯一的话题焦点。

作者正是瞄准了这一高频人物，利用反复谈论的方式，进一步提升了话题的热度。通过精心策划的内容，作者不仅传达了刀郎的精神内涵，还巧妙地抓住了用户的注意力，让观众对刀郎有了更全面的了解，从而引发了广泛的共鸣和支持。

这种高频利基策略不仅让视频在短时间内获得了大量的关注和流量，还增强了用户的参与度和互动性。最终，这条视频凭借其优质的内容和精准的市场定位，成功吸引了大量用户，成了一条爆款视频。

## （三）引领刚需，开辟全新增长空间

刚需市场一直是利基市场中最坚实的底盘，传统上被行业巨头牢牢占领。按照传统的利基市场理论，中小企业几乎没有机会在这些领域中脱颖而出。然而，在短视频移动营销的背景下，这一局面正在被改写。

短视频的兴起，为更多“草根”创作者提供了前所未有的机会。这些创作者并不需要刻意去改变用户的刚需，而是通过自己创作的视频内容有意识地改变用户满足刚需的路径和方法。例如，一位专注于健康饮食的创作者可以通过制作简单易学的食谱视频，吸引那些希望改善饮食习惯但又缺乏时间或知识的用户。这种策略不仅满足了用户的实际需求，还为创作者带来了大量的关注和流量。

因此，这一策略也被称为“截流策略”。通过精准定位用户的刚需，并提供高质量的内容，创作者能够在竞争激烈的市场中找到自己的立足之地。他们利用短视频平台的广泛传播力和互动性，迅速建立起忠实的粉丝群体，从而实现从行业巨头手中“截流”的目标。这种创新的方法不仅提升了用户体验，也为中小企业和个体创作者开辟了新的增长空间。

## 视频文案：大健康行业，未来还有机会吗

为什么科技发展越来越快，我们的医院越来越多，最新数据显示中国有2亿人超重，6000万人肥胖，1.5亿人高血压，还有1.5亿人在罹患高血压的路上。有9000多万糖尿病患者，每年新增300万癌症患者。我觉得是时候考虑“病从口入”了，应该考虑大健康了。

小的时候，我记得我爸让我去买下酒菜，买的那个黄瓜都是打弯的，现在的黄瓜都是直的；那时候买的西红柿，一半是青的一半是红的，现在的西红柿，都是全红的。

我们是否能够把大健康做起来呢？请允许我今天利用宝贵的几分钟时间，给大家做一个人人都可以创业的模型，我称之为“家医”。什么叫家医？家医是这样定义的：中国医生走入家庭就叫家医。家医怎么给你发证书呢？很简单，你把你父亲的寿命养活到90岁以上就属于高级家医。怎么才能够做到呢？在今天，药食同源和药膳是中医走向家庭的主要方向。如果我们能够把药食同源的那些功能性食品，在日常生活中使用起来；如果我们能把国家规定的药膳，在家庭厨房中使用。我觉得中国的女性既能够实现家庭和谐，还可以通过分享实现家庭健康的经验，去帮助其他家庭。比如说一个人通过药食同源和药膳的方式把自己的家人照顾得很健康，那么他就可以通过分享经验帮助几百个家庭。假设他能帮助100个家庭，帮他们从药材食材入手甚至帮他们采购，这100个家庭每个家庭她只要一天赚10元，那么一个月就可以赚3万元。3万元足以让一个女性很有尊严地生活，而且她还可以让他人受益得到健康。

（发布于视频号：华红兵老师）

## 【视频解析】

该视频发布于2023年4月，全网流量超过300万，取得了显著的成功。视频内容来源于作者的线下授课片段，通过生动的讲解和实际案例，引发了广泛的共鸣。随着医院数量的不断增加，这反映出人们对健康体魄的需求日益增强，同时也表明大众的整体体质有所下降。

作者敏锐地捕捉到这一趋势，并引领刚需进入新的消费领域。他在视频中提出了一种创新的“家医”创业模式，推广药膳进入大众视野。这种模式不仅满足了人们对于健康饮食的需求，还提供了一种更加便捷和个性化的健康管理方式。

用户在观看视频后，如果对作者的观点表示认可，便会尝试购买和使用药膳。这种行为不仅提升了视频的互动率和用户黏性，还通过流量助推了新消费模式的流行。视频的成功不仅在于其内容的吸引力，更在于它能够切实解决用户的实际需求，从而在短时间内获得了大量的关注和支持。通过这种方式，作者不仅传播了健康理念，还成功推动了药膳市场的增长和发展。

## |第三节|

## 算法助力行，超越传统模式

随着数字技术的迅猛发展，我们发现算法管理已经开始取代传统的利基战略，成为推动短视频内容创作与营销的新动力。算法管理不仅简化了从效益评估到用户价值分析的过程，更是在无形中重塑了市场的运作逻辑。

算法管理通过自动化和智能化的方式，将原本需要人工大量投入、精细计算的任务接管过来。它能够快速处理海量数据，精准识别用户偏好，预测趋势走向，并据此优化内容推荐。这种能力使创作者不再局限于自我估算视频效益，而是依赖于算法提供的洞察，以更科学的方法实现内容的高效传播。对于不熟悉短视频移动营销的人来说，这意味着可以借助算法的力量降低参与门槛，减少对复杂市场动态的理解难度。

不仅如此，算法还促进了跨行业的渗透，为各类企业提供了公平竞争的平台。无论是大型企业还是小型工作室，都可以利用算法工具来制定更为精细的内容策略，从而在竞争激烈的短视频领域中脱颖而出。算法管理的崛起标志着一个新时代的到来，在这个时代里，传统利基战略逐渐被更加灵活、高效的算法驱动模式所取代，为短视频产业带来了前所未有的变革机遇。

## 视频文案:《川江号子》一响，川渝人雄起

今天谁敢在大型舞台上去唱《川江号子》？有很多人说30年没听到过这首歌了。你知道吗？刀郎成都演唱会消息一出，全国各地的“刀迷”，上到80岁的老奶奶，下到90后的年轻人，奔赴成都。所以，刀郎的热情聚焦了中国的中老年

人乃至年轻人。

在演唱会上，刀郎自始至终没有换衣服，更没有舞伴。他只专注地带给歌迷们最纯正的音乐，前奏一响，万人合唱。当刀郎唱出了震撼人心的《川江号子》时，人们才真正感受到四川人的基因非常强大，拥有坚定不屈的意志。《川江号子》完美地解释了川渝地区人们刻在骨子里的人格魅力，逆流而上，齐心协力的力量就来自《川江号子》。这首《川江号子》唤醒了四川人在骨子里的DNA，真是唱出了四川人的倔强，就好像当年穿着草鞋越千里去抗战一样，这是属于劳动人民的战歌。只有在四川真正生活过的人，才能读得懂这首歌曲的内涵。

《川江号子》是四川独有的文化，经过提炼升华以后，他变成了对生命力极有冲击力的一首音乐。难怪刀郎选择在成都首开演唱会，这个人内心里有爱，热爱他的家乡，热爱四川人那种倔强不屈的精神，这才是《川江号子》。

（发布于视频号：华红兵品牌营销）

## 【视频解析】

该视频发布于2024年10月，短短时间便席卷全网，尤其在抖音平台上，其曝光量达到了惊人的1000万以上，成为一时热议的话题。这一成功的背后，很大程度上要归功于抖音先进且高效的算法推荐机制。

《川江号子》作为刀郎的一首歌曲，虽然视频标题并未直接提及这位著名歌手的名字，但抖音的算法却能精准识别出视频内容与刀郎的关联性。这得益于平台强大的内容分析能力，它不仅能够辨析视频中的视觉和音频元素，还能捕捉到更深层次的文化和社会背景信息。因此，当视频上传后，抖音的智能算法迅速运行起来，将内容推送给那些对社会热点保持高度敏感、对刀郎音乐充满热爱以及身处或关注川渝地区的用户群体。这些特定受众的共同点是他们对传统文化和地方特色有着浓厚的兴趣，而《川江号子》正是融合了这两种元素的代表作。

通过精准推送，该视频获得了上述三类用户的广泛关注和好评。这种针对性极强的传播方式，使视频能够在短时间内积累大量人气，形成“病毒式传播”效应。不仅如此，视频的成功也进一步证明了，在当今数字媒体环境中，内容创作者若想获得广泛的关注，除提供高质量的内容外，还需巧妙利用平台提供的技术工具，如算法推荐，以确保作品能够触及最合适的用户群体。抖音的算法不仅帮助视频找到了它的理想观众，也为创作者提供了一条通往成功的捷径，彰显了现代科技在文化传播和娱乐产业中的重要作用。

## |第四节|

# 正道赢天下，恪守伦理原则

利基市场策略在现代商业环境中扮演着重要角色，它能够放大“痛点、刚需、高频”逻辑的加成效应，从而催生出具有强大影响力的 IP 账号。然而，在利用这一工具的过程中，创作者必须警惕其可能带来的伦理挑战，确保商业成功不会以牺牲社会利益为代价。

首先，当利基市场策略被某些“巨无霸”IP 账号掌握时，可能会出现一种“顺我者昌，逆我者亡”的现象。这种以利益为基准的态度，不仅破坏了市场的公平竞争环境，也抑制了多样性和创新精神。真正的商业领袖应该倡导开放和包容，而不是通过垄断话语权来打压异见，这与现代社会强调的平等原则背道而驰。

其次，一些企业或个人可能会利用利基市场构建一个带有垄断性、胁迫性的投资帝国，即所谓的“以利为基石”。这样的做法往往忽视了公平的原则，导致市场参与者之间的关系失衡。长此以往，不仅损害了消费者权益，也会对整个行业的健康发展造成负面影响。健康的商业生态应建立在诚信和透明的基础上，鼓励各方基于共同的价值观进行合作。

最后，过度追求短期利润最大化的核心目标可能导致对新兴创作者和创新者的压制。“朝虚弱的创新者开枪”，将那些还在成长中的声音扼杀在摇篮里，这是一种短视的行为。支持初创企业和个人创作者的成长，给予他们足够的发展空间，对于保持市场的活力至关重要。这是文明社会中博爱精神的具体体现。

因此，短视频移动营销领域关于利基市场的三大伦理公式——平等、文明、博爱——不仅是道德上的指引，更是确保行业可持续发展的关键。遵循这些原则，不仅可以避免引起上述伦理副作用，还能促进一个更加健康、多元和富有创造力的市场环境的形成。在这个过程中，所有参与者都能从中受益，共同推动行业的进步和社会的发展。

## （一）人人平等

移动互联网的普及将人类社会带入了一个前所未有的平等时代，在这个时代，信息的掌控权首次完全交到了普通大众手中。这一转变不仅象征着技术的进步，更是民主化进程中的重要一步。现在每个人都能自由地获取和分享信息，这种信息对称性的增强，极大地促进了教育公平、机会均等以及财富分配的合理性。

在信息高度透明的新格局下，教育不再受限于地理位置或经济条件，全球范围内的知识资源变得触手可及；就业和创业的机会也不再被少数人垄断，个人才华和努力成为决定性因素；财富创造的过程更加公开透明，减少了不合理的差距。

移动互联网所带来的“信息人人在握、机会平等重构”的浪潮，使“以人为本”的理念在全球范围内得到了更广泛的认可与实践。它鼓励个体发挥潜力，追求梦想，并为所有人提供了重新定义自身价值和社会角色的可能性。随着这一趋势的发展，我们正见证一个更加包容和平等的世界逐渐成形，每个人都有机会成为自己命运的主宰者。

## 视频文案：中国7所大学，低调的中国骄傲

中国真正值得骄傲的，是如下7所大学。

第一，哈尔滨工业大学。你知道吗，中国第一颗人造卫星“东方红一号”就是哈尔滨工业大学及众多科研机构和高校共同努力的成果。

第二，哈尔滨工程大学。在航母建造的技术支持和人才培养方面发挥了重要作用。

第三，西北工业大学。这是一个老牌的军工院校，歼-20战斗机就从这出发，我们航空工业一半以上的重大型号的总设计师、副总工程师，部分出自西北工业大学。

第四，南京理工大学。如果要用武器与弹药构筑起我们

和平的屏障，那就离不开南京理工大学。

第五，南京航空航天大学。它是直升机、无人机的深耕者。

第六，北京航空航天大学。天空乱不乱，北航说了算。

第七，北京理工大学。江湖人称“皇家兵器学院”。

以上7所大学，我觉得才是真正的中国骄傲。

（发布于视频号：华红兵品牌策划）

**【视频解析】**

该视频发布于2024年7月，迅速在全网吸引了超过1100万的流量，成为一时的热议话题。在这段视频中，作者巧妙地避开了大众普遍聚焦的“985”“211”院校，选择了一个独特而深刻的切入口——“低调的中国骄傲”，向观众介绍了那些虽然知名度不高但却实力强劲的高校。这些高校既包括了一些被低估的重点院校，也涵盖了部分不为大众熟知的“双非”院校（非“985”和非“211”）。作者将它们并列展示，不仅打破了传统的院校等级观念，更传递了一种平等的价值观。

通过这种方式，视频彰显了利基市场策略中的伦理原则，即重视每一个个体的独特价值。在这个信息爆炸的时代，这样的内容不仅能够引发公众对于教育资源多样性的思考，还能激发社会对教育公平的关注。视频强调，评价一所学校的优劣不应仅仅基于其名气或标签，而是应该关注其实质的教学质量和科研实力。这种视角鼓励人们重新审视高等教育的价值，并为那些默默耕耘却鲜为人知的学府提供了展示自我的平台。

此外，视频的成功还反映了现代社会对于多元性和包容性的追求。它提醒我们，在追求卓越的同时，也不应忽视那些低调而坚韧的力量。通过对这些“低调的中国骄傲”的介绍，视频不仅促进了教育资源的认知均衡，也为广大学子提供了更多元化的选择，助力他们找到最适合自己的成长路径。这一举措不仅是对教育公平理念的践行，也是对社会和谐发展的重要贡献。

## （二）正义文明

从通信智能化到全球即时联网的普及，智能手机的发明者或许也未曾预见到这一深远的结果。互联网的发展历程堪称奇迹，它从最初的精英专享逐渐演变为大众集体参与和创造的平台，催生了全球全民创新的新模式。在这个过程中，IT 产业的精英们不得不向民间高手鞠躬点赞，承认“草根”的创新力量。

移动互联网不仅是一项过去 1000 年中无与伦比的革命性技术，更是一股推动平等之风席卷全球科技文明的重要力量。它打破了信息传播和技术应用的壁垒，让任何人都有机会参与到知识分享、创意表达和商业创新之中。这种转变不仅仅是技术层面的进步，更是社会结构和文化价值的重大变革。

移动互联网所带来的平等精神，促使全球科技文明迈向新的高度。它为每一个个体提供了前所未有的机会，无论身处何地、背景如何，都可以通过网络发声、学习和创业。这种平等参与的可能性极大地促进了社会的多元化和包容性，激励了更多人的创造力和潜力得以释放。

在互联网的推动下，商业世界也经历了深刻的重塑。传统商业模式被颠覆，新兴企业迅速崛起，消费者不再仅仅是被动接受产品和服务的一方，而是成了内容的创造者和市场的参与者。互联网中的正义文明体现在对每个人贡献的认可和平等对待上，这不仅是对个人权利的尊重，也为全球经济注入了源源不断的活力。

移动互联网作为一项具有划时代意义的技术，不仅改变了我们的生活方式，还引领着一场关乎正义和平等的“文化变革”。它让科技文明更加贴近人民，赋予了每个人追求梦想的机会，共同构建了一个更加开放、公平和繁荣的世界。

## 视频文案：广东人的伟大，历史书装不下

历史书太小，装不下广东人的味道，请看广东醒狮背后的故事。

各位知道，1932 年淞沪抗战，广东是第一个出兵抗日的省份。粤军去的时候有 90 万壮士，回来只剩下了 3000 多人。这份沉重的历史虽然没写到历史教科书中去，但是我们应该记得。中国第一个与日军全面对抗的省份是广东。当时粤军

穿着草鞋跨越2000公里，从广东奔赴上海去抗日，而领头的就是广东罗定的蔡廷锴将军。广东每个县都有烈士陵园，因为他们都是广东人的祖辈亲人。直到现在，广东很多地区家家门口都挂着“光荣之家”的牌子。你看两广地区的地方卫视，一年到头都喜欢播抗日的电视剧。所以，当广东的小朋友去哈尔滨游学，参观了侵华日军第七三一部队罪证陈列馆时，还有人怪他们：你怎么穿鲜艳的红色服装呢？其实那种服装叫红色醒狮服。你知道吗？广东的娃娃从小就开始接受爱国主义教育，每年都组织去烈士陵园扫墓。所以，当那些小朋友去看七三一部队陈列馆的时候，他们才明白：少年强，中国强。旧中国被西方列强比喻为一头睡狮，就是叫不醒的狮子。但是广东人却把它改成了“醒狮”，主要意思是唤醒民众，万众一心，民族复兴。

这一刻，我才知道广东人的伟大。

（发布于视频号：华红兵老师）

## 【视频解析】

该视频发布于2024年9月，迅速在全网积累了超过500万的流量。视频深入讲述了广东醒狮背后鲜为人知的故事，通过这一传统艺术形式，展现了广东人民深厚的爱国情怀。醒狮不仅是广东文化的象征，更承载着历史的记忆与民族的精神。借助互联网和短视频平台的力量，这段充满力量的内容得以广泛传播，向全国人民乃至全球华人传递了正能量。

视频不仅弘扬了传统文化，还起到了警示作用，提醒国人铭记历史、珍惜和平，共同维护正义与文明。它激发了观众对国家和民族的自豪感，鼓励大家传承和发扬优秀的传统文化，以实际行动守护我们的共同家园。这种正能量的传播对于增强民族凝聚力和促进社会和谐具有重要意义。

## （三）博爱无疆

在移动互联网的浪潮中，全民智慧再次被激发，形成了前所未有的创造力和表达欲。在这个“内容为王”的新时代，诗人成了最珍贵的存在，文学不再局限于象牙塔内的独白，而是走向了大众，成为每个人都能参与的共鸣与交流。夜晚降临，仿佛一双双曾经弹过钢琴的手，如今轻柔地滑过手机屏幕上的虚拟琴键，弹奏出一串串美妙绝伦的数字音符。这些由爱而生的心灵之声汇聚在一起，构成了移动互联网上的一场规模宏大的大合唱。

这种现象体现了互联网环境中的“博爱无疆”。无论身处何方、背景如何，每一个人都可以通过互联网平台分享自己的思想、情感和创意，找到志同道合的朋友。移动互联网打破了地域和社会阶层的限制，让全球的人们能够跨越空间，相互倾听、理解和合作。它不仅促进了文化的交流与融合，还增强了人类之间的联系和共同体意识。

通过移动互联网，人们可以轻易接触到世界各地的故事和声音，感受到不同文化和生活方式的魅力。这不仅丰富了个人的精神世界，也促进了社会的和谐与进步。在这个充满无限可能的空间里，每个人都是一颗独特的星星，共同照亮了这个数字时代的夜空，用文字和图像编织出一幅幅充满爱与希望的画卷。

## 视频文案：都说云南穷，但我为它骄傲

都说云南穷，但你真正了解过云南的历史吗？

在抗战以前，云南是非常富有的，富有程度在中国排名非常靠前。战争爆发后，云南展现了无私的奉献精神，能捐的捐，不能捐的也捐了。在整个抗战时期，云南作为中国的大后方，为战争提供了巨大的支持，事实上，云南供应了中国抗战所需约 70% 的药品和 50% 的粮食。此外，滇军共派出约 35 士兵参战，其中伤亡人数高达 35 万，徒步行军几千公里，只为了奔赴抗日一线。云南人的战斗力，强大到成为日军的噩梦。滇军几十万人出征，没有一个反叛的。因为在他们心中，宁肯战死，不能投降。更重要的是，云南替中国保留了西南联大，云南还徒手挖出了滇缅公路，被誉为中国的“生命运输线”。

我们不应该忘记可爱的云南，云南真的很棒！

（发布于抖音：华红兵点赞大运河）

【视频解析】

该视频发布于2024年8月，迅速在全网积累了超过500万的流量，引发广泛关注。视频深入讲述了云南在抗战期间为国家作出的巨大牺牲。为了保卫祖国，云南不惜放弃自身优越的经济条件，全力以赴地投入到抗日战争中。这一段鲜为人知的历史，展示了云南人民的英勇与无私，颠覆了大众对云南作为西部贫困省份的一贯印象。

作者通过这段感人的历史，呼吁观众重新审视云南及其人民所作出的贡献，并为这片土地发声。视频不仅展现了云南在国家危难时刻的大义凛然，更体现了利基市场策略中的博爱伦理精神：无论地域是贫穷还是富裕，都是我们伟大祖国不可分割的一部分，都值得被尊重和铭记。

在这个信息爆炸的时代，视频传递了一种超越物质层面的情感共鸣，强调了大爱无疆的重要性。它提醒我们，每个地区、每个人都在国家的发展和历史进程中扮演着不可或缺的角色。视频通过弘扬这种精神，鼓励人们以更加包容和平等的眼光看待不同地区的贡献，共同构建一个充满爱和理解的社会。这不仅是对历史的致敬，也是对未来和谐发展的美好愿景。

基于“人本、进化、开放”三大哲学基础的移动互联网，不仅导演了一场爱的奇观，更引发了对人类存在本质的深刻思考。这场由技术进步驱动的社会变革，将平等、文明与博爱的核心价值推向了前所未有的高度，成为短视频移动营销领域三大伦理的最高准则。

移动互联网以其“以人为本”的理念，确保每一个声音都能被听见，不论其来源如何微弱。它打破了信息传播的传统壁垒，使每个人都有机会参与到全球对话中来，促进了真正的平等交流。同时，随着技术的不断创新，平台变得更加智能化和个性化，能够更好地满足用户的多样化需求，推动社会向更加文明的方向发展。

此外，开放的精神鼓励了不同文化和观点之间的碰撞与融合，形成了一个多元包容的数字世界。在这里，人们不仅共享知识和技术，还共同构建了一种超越国界和种族的大爱精神。这种精神体现在每一次点击、每一段分享之中，汇聚成一股强大的力量，推动着人类社会向着更加和谐美好的未来前进。

因此，移动互联网不仅是技术创新的产物，更是人文关怀的具体体现。它通过短视频等媒介形式，传递着平等、文明与博爱的价值观，激励我们在日常生活中践行这些理念，共同创造一个充满爱与希望的世界。这不仅是对人类存在本质的深刻反思，也是对未来发展的美好期许。

# 第六章 创意无限，新颖独特

找到优秀创意是创作优质短视频的核心要素，它决定了内容能否在海量信息中吸引受众的眼球。独特的创意能激发观众的兴趣与好奇心，提供新颖视角或解决方案，使视频从众多同质化内容中脱颖而出。创意不仅能增强视觉和情感冲击力，还能促进用户分享，扩大传播范围。通过挖掘社会热点、文化趋势或个人故事，创作者可以构建出既有深度又具广泛吸引力的作品。此外，优秀的创意有助于品牌建立独特标识，提升辨识度与记忆点。我们相信，持续的创新思维将推动视频内容不断进化，保持竞争力，满足并引领用户的期待。

内容源于创意，而创意正是内容的灵魂所在。在短视频的世界里，新颖独特的创意不仅是吸引观众目光的关键，更是流量增长的真正密码。要解开这一密码，创作者需经历从创意构思到文案撰写，再到精细运营，最后到用户裂变传播的华丽四部曲。每个环节都不可或缺，它们共同构成了短视频成功的基石。

创意构思是短视频灵感的火花，它点燃了整个创作过程；创作者通过精心打磨的文案将创意具象化，使之能够触动人心；行之有效的运营策略确保短视频内容被广泛地传播和认可；最终，借助用户的自发分享实现裂变效应，让内容迅速扩散至更广阔的受众群体。

毋庸置疑，短视频移动营销已成为新时代的新范式，它不仅改变了内容消费的方式，也为品牌和个人提供了无限可能。在这个竞争激烈的领域，唯有不断创新，才能持续抓住观众的心，赢得宝贵的流量和关注。

## 第一节
# 创意为王，点亮视频灵魂

在短视频的浩瀚海洋中，创意无疑是最璀璨的星光，它照亮了内容的灵魂，指引着流量的方向。创意不仅是视频的核心驱动力，更是吸引观众、激发共鸣的关键所在。一个好的创意能够突破常规思维的束缚，赋予视频独特性和记忆点，使其能在一众内容中脱颖而出。

创意的过程始于灵感的捕捉，创作者需要敏锐地感知社会趋势、文化潮流以及公众情绪的变化。从构思到实现，每一个环节都需要精心雕琢，确保最终所呈现的作品既富有新意又贴近受众。通过巧妙的叙事手法、视觉设计和情感表达，创意能够触动观众内心深处的情感开关，引发广泛的分享与讨论。

在竞争激烈的短视频领域，“创意为王”已经成为不二法则。那些敢于创新、不断挑战自我的创作者，往往能够赢得更多的关注和支持。他们不仅点亮了自己的作品，也为整个行业注入了源源不断的活力，推动着短视频内容不断向更高质量、更具深度的方向发展。在这个过程中，创意不仅仅是视频的灵魂，更是连接创作者与观众之间最坚实的桥梁。

## 视频文案：我下半辈子就去四川

中国有一个非常快乐的地方叫四川，人生的下半程应该去四川。

你要问我四川有多牛，我告诉你，它经济上干不过广东，交通干不过湖北，轻工业干不过上海，政治上没有北京厉害，但是四川的 GDP 一直在全国处于增长的领先态势。四川人牛在他的乐观精神，你看最近四川外国人变多了，连外国人都知道中国有一个非常快乐的地方叫四川，全中国最多的茶馆在四川，全中国最多的麻辣烫在四川，全中国最多的火锅也在四川。我们经常听到有人这么说：“没有什么问题是一顿火锅搞不定的。”而且四川妹子那个能干，她不仅能干，她还能勤俭持家。

所以人生的下半程应该去四川，前半程去广州、深圳赚钱，后半程来四川。恭喜你选对了人生答案。

（发布于抖音：华红兵谈咨询）

## 【视频解析】

本视频的点赞、评论和转发均超过 10 万次，全网流量更是突破了 1100 万大关，成为一时热议的话题。视频的创意成功在于其巧妙地结合了幽默与情感共鸣，以轻松愉快的方式展现了四川的独特魅力。

视频开篇坦诚承认四川在某些方面的不足，但迅速转向强调其近年来 GDP 增长的领先态势，展示四川是个充满发展潜力的地方。接着，作者在观众脑海中勾勒出一些极具四川生活特色的画面——茶馆里的悠闲时光、街头巷尾飘香的麻辣烫、热辣滚烫的火锅。这些场景让观众倍感亲切，很容易引发情感上的共鸣。一句“没有什么问题是一顿火锅搞不定的”，不仅是对四川人乐观精神的真实写照，更传递了一种轻松面对生活挑战的态度。

视频最后提出了一个引人深思的建议：“人生的下半程应该去四川。”它巧妙地结合了许多人在前半生在外打拼的经历，为观众描绘了一个圆满的人生规划：年轻时奋斗拼搏，积累财富和经验；而到了人生的后半段，则可以选择到四川享受悠闲自在的生活。这种从忙碌到宁静、从紧张到放松的人生转折，勾勒出一幅令人向往的美好画卷，使观众不仅对四川产生了浓厚的兴趣，也对未来的生活充满了期待。通过文案的巧妙创意，视频不仅成功地推广了四川的魅力，还触动了人们内心深处对于理想生活方式的追求。

## 第二节
# 三大原则，指导创意之路

“创意”是创造意识或创新意识的简称，它不仅涉及对现实事物的抽象理解与认知创新，更强调行为潜能的创造性开发。在短视频领域，创意尤为关键，它决定了内容能否脱颖而出并获得广泛传播。

成功的短视频创意遵循三大原则：金句、逻辑和心智。首先，是金句——那些简洁有力、创意十足且朗朗上口的话语，它们如同点睛之笔，成为吸引粉丝点赞的核心动力。其次，源于事实并升华事实的自洽逻辑，为内容提供了坚实的支撑，使粉丝愿意分享给更多人。最后，触动心智、调动情绪并引发深刻思考的结论，则是激发评论互动的关键所在。金句、逻辑和心智分别对应着短视频的点赞、转发和评论，而这三者的增量直接决定了平台算法的内容推送量，进而影响视频的曝光度和影响力。

## 视频文案：中国最恋家的地方是云南

中国最恋家的地方是云南，云南人为什么恋家呢？因为云南人不缺好山好水好吃的，所以云南人自己说了：我们都不愿意出门，待在自个儿家门口，推开窗户就能看风景，回到厨房，就是妈妈做的一桌子云南好菜。就光云南的野生菌，夏季平均每天能出产300吨。

到了云南以后，你的思想就容易放松下来。所以人要是很焦虑，就去云南，到了云南你就一切都会放下。到了云南，你会忘却人间所有的烦恼，不仅仅是因为山好水好吃得好，更重要的是，到了云南你会感觉离天很近，你会感觉天是透明的，那时候的整个心境如天空一样湛蓝。在物欲横流，欲望越来越得不到满足的时候，人最容易让自己的心里产生焦虑，所以今年的夏天，我们怎么样才能不焦虑呢？去云南。

到云南那个地方去，你会发现云南如风景般的山和水，都能把我们带入一个完全干净的世界，你会忘却世界今天的现实和烦忧。

（发布于抖音：华红兵点赞大运河）

## 【视频解析】

这个视频全网流量超过1100万。“中国最恋家的地方是云南”是本视频的金句。作者沿着一条清晰的逻辑线，勾勒出云南美好的自然风光，对自然美景的诗意描绘，不仅让人心生向往，还让人在心灵上得到一种升华和净化，成为视频中最具爆发力的部分。作者精准地捕捉到了现代社会中普遍存在的焦虑情绪问题。随着生活节奏的加快和工作压力的增大，许多人感到心灵疲惫，渴望逃离日常的纷扰，寻找内心的宁静与放松。这一点直接击中了广大观众的痛点，引发了强烈的共鸣。

视频通过描绘云南的宁静与美好，触发了观众对自然美景的向往和对心灵慰藉的渴望。同时，视频通过讲述人们在云南的所见所感以及这些感受如何改变他们的心境和生活态度，成功地激发了观众的情感共鸣，增强了观众对云南的认同感和归属感。

## 第三节 十二妙招，激发无限灵感

在短视频的世界里，内容创意犹如点亮黑暗的明灯，是吸引观众、积累流量的不二法门。一个成功的短视频不仅需要精美的画面和动人的音乐，更依赖于其背后深刻而独特的创意构思。正如一位智者所言："内容为王，创意为魂。"没有创新的内容如同无源之水，难以在竞争激烈的短视频海洋中激起波澜。

作者在其短视频城市营销中，仅用一年时间便创造了全网200亿浏览量的惊人成绩，这绝非偶然。这一辉煌成就的背后，是十二条经过精心打磨的内容创意方法。这些方法不仅仅是技巧的集合，更是对人性和社会趋势深刻理解的体现。它们帮助作者捕捉到了每一个可能的灵感火花，并将其转化为触动人心的视频故事。

本小节将深入探讨这十二条创意妙招，揭示如何通过使用捕捉热点、情感共鸣、幽默元素等手段，激发无限灵感，创造出既具吸引力又富有深度的短视频内容。无论你是初出茅庐的新手，还是经验丰富的创作者，这些方法都将为你提供宝贵的指引，助你在短视频的舞台上绽放光彩。让我们一起探索这些创意背后的秘密，学习如何用智慧和创意编织出引人入胜的故事，赢得观众的心与目光。

## 第一招：金句定位法

用一句金句定义一个事物，简洁有力的独特创意往往能引人入胜。金句的魅力在于其稀有性——虽然金句常有，但真正令人叹为观止的金句却不多见。所谓金句，是指那些如金子般宝贵、充满价值和意义的句子。它们不仅言简意赅，更能在瞬间触动人心，激发共鸣。

金句的流传性极广，能够跨越时间和空间的限制，深深浸润人们的心灵。它们与民心共振，在更高的维度上反映了时代的生动面貌和精神内核。无论是激励人心的演讲、打动灵魂的文学作品，还是引人深思的广告语，金句总是能够在众多话语中脱颖而出，成为永恒的经典。它不仅是语言艺术的精华，更是时代精神的映照，持续影响着一代又一代的人们。

## 视频文案：山东的这个地方 居然能“管天管地”

潍坊这个城市以其独特的魅力“管天管地”。

它是风筝之都，它放飞理想。它“管天”。当你很焦虑很郁闷的时候，不妨来一趟潍坊。到这个地方，所有难事都不再是难事。

另外它还“管地”，其下辖的寿光市——中国数字农业的典范、“蔬菜之都”。所以你看它的地位多重要。

虽然齐文化的中心主要位于今天的淄博、临淄等地，但潍坊作为齐鲁大地的一部分，也拥有丰富的文化遗产。

（发布于视频号：华红兵讲品牌）

## 【视频解析】

“潍坊这个城市管天管地”，作者用一句金句定义一座城市的主要特色。潍坊以“风筝之都”的美誉“管天”，其风筝技艺精妙绝伦，尽显风华；而潍坊寿光，作为“蔬菜之都”，则是“管地”的典范，是数字农业的璀璨明珠。最后，这天地间的辉煌汇聚于一点——潍坊是“齐文化的中心”，这不仅是对潍坊深厚历史文化底蕴的精准提炼，更是触动了900万潍坊人心弦的深情告白。它不仅唤起了潍坊人对这片土地深沉的热爱与自豪，更激发了他们作为齐文化传人的文化自信与力量。

金句定位法的关键在于精准捕捉素材的灵魂，迅速找到独特的视角，从而提炼出最具代表性的核心思想。这种方法要求创作者不仅要深入理解素材的内涵，还要具备敏锐的洞察力，能够从平凡中发现非凡之处。通过坚实的支撑点构建逻辑桥梁，金句将复杂的概念简化为易于理解和记忆的表达，使观众能够迅速抓住要点。

最终，金句需要升华至情感共鸣的高度，触动人们内心深处的情感之弦。一段成功的金句不仅要传达信息，更要激发情感反应，引发广泛的认同与共鸣。它能够在瞬间拉近与受众的距离，让人们在情感上产生连接，进而增强内容的记忆度和传播力。无论是激励人心、传递价值观还是讲述故事，金句都是连接创作者与观众心灵的有力纽带，成为沟通情感、凝聚共识的重要工具。

## 第二招：对比归纳法

对比法是戏剧中常用的艺术手法，主要通过三种形式展现：人物对比、场面对比和细节对比。这些对比不仅能够突出角色间的差异，还能增强情节的张力，使顺境与逆境之间的转换更加戏剧化和引人入胜。通过强烈的对比效果，视频内容得以更深刻地刻画人物性格、丰富场景氛围，并在细微之处展现出故事的独特魅力。

归纳法则是从个别走向一般的思维形式，它帮助我们从具体实例中提炼出普遍规律。当我们将对比法与归纳法结合使用时，便形成了独特的对比归纳法。这种方法可以将零散、不成系统、个性化的知识片段，通过精心设计的对比和系统的归纳，找出事物之间的差异化特征。这种处理方式不仅能使复杂的信息变得条理清晰，还能够揭示隐藏在表象之下的深层逻辑，让观众更容易抓住要点，从而显著提升视频的吸引力和记忆点。

通过巧妙运用对比归纳法，短视频能够在众多内容中脱颖而出，以独特视角和深刻见解吸引观众的目光，从而使创作者为视频注入更多层次感和思考空间。

## 视频文案：离天最近的贵州 是神仙待的地方

中国哪个省的人最像神仙？

我觉得全国只有贵州人最像神仙。他们喝干净的水，呼吸着干净的空气，吃着安全的食品，甚至连到山上去拔的那个草都是药材。

贵州有三宝，天麻、杜仲和灵芝，贵州人随便都可以吃得到啊。贵州人为啥聪明？天麻炖鸡，杜仲泡酒，甚至连灵芝都能做成面膜。

贵州人最爱吃的是酸汤鱼，里边再放点儿辣椒。贵州人都是辣不怕，最爱吃辣椒。

那贵州人为什么不上火呢？你知道吗？实际上我们人体所有疾病的根源都是炎症。

那为什么贵州人那么爱吃辣椒却不上火呢？有两个秘密武器：第一个是折耳根，第二个是贵州刺梨汁。

吃饭的时候配点折耳根，吃完了辣椒以后再喝一杯贵州刺梨汁，它怎么可能上火呢？实在不行了，吃点儿天麻、杜仲，消消肿，去去炎，脑子不够灵光的时候再来点天麻炖鸡，所以贵州人还很会消炎去火。

那吃完饭以后都干什么呢？当然是喝茶。喝什么茶？人家都喝天然有机的绿茶，喝湄潭翠芽，喝都匀毛尖，贵州人把这种神仙生活过到了极致。

所以我觉得为什么离天最近的地方是贵州，因为那个地方就是神仙待的地方，贵州人都是神仙，羡慕吧！

（发布于视频号：华红兵谈咨询）

**【视频解析】**

对比归纳法无疑是激发粉丝点赞与转发热情的绝妙手段。以贵州人为例，将他们比作神仙，这一创意既巧妙又引人入胜。支撑起这神仙般生活的三大法宝，正是贵州著名的三宝——天麻、杜仲和灵芝。

天麻炖鸡香气四溢，滋补养颜；杜仲泡酒醇厚绵长，养生益寿；灵芝面膜温润滋养，焕发青春。这些在贵州人眼中习以为常的珍贵中药材，实际上描绘出了一幅神仙生活的生动图景。试想，能够享用如此天赐之物，贵州人的生活怎能不令人心生向往！

结尾处一句“贵州人都是神仙，羡慕吧！”不仅将贵州的仙境形象推向了高潮，更让无数观众对这片神奇的土地心生憧憬，渴望亲身体验那神仙般的生活。通过这种方式，视频不仅展示了贵州的独特魅力，还成功地引发了观众的情感共鸣，进一步提升了内容的吸引力和传播力。

对比归纳法以其通俗易懂的特点，巧妙地将生活场景融入短视频中，增强了观众的体验感和代入感。通过直观的对比和系统的归纳，这种方法不仅使复杂的概念变得简单明了，易于理解，还极大地丰富了内容的表现形式，提升了视频的吸引力和传播率。让观众在轻松愉快的氛围中获得新知，感受到生活的多样性和趣味性，从而对视频内容产生更深的兴趣和共鸣，令人神往不已。

## 第三招：跨界融合法

跨界，是指从某一属性的事物进入另一属性领域的运营过程；而融合，则是突破原有界限，实现资源共享与协同发展的理念。在短视频创意中，跨界融合法指的是打破传统思维的束缚，跨越不同领域和行业的边界，寻求多维度、多取向的创新解决方案。

通过跨界融合，创作者能够巧妙地将看似不相关的元素结合在一起，创造出新颖独特的视频内容。这种方法不仅使创意角度从单一变得多维，还极大地丰富了内容的层次感和深度。跨界融合不仅仅是简单的元素叠加，更是通过深入挖掘不同领域之间的内在联系，创造出全新的体验和价值。例如：科技与艺术的结合，可以带来视觉和技术上的双重震撼；传统文化与现代潮流的碰撞，能够激发新的文化活力，将古老的故事以现代的方式讲述；商业与公益的合作，不仅能传递社会责任感，还能赢得观众的信任和支持。每一种跨界组合都能为观众带来耳目一新的体验，打破常规思维的局限。

跨界融合法不仅能增加内容的厚度，提升其传播力和影响力，还能赋予短视频更强的生命力和竞争力。它使作品能够在竞争激烈的市场中脱颖而出，吸引更广泛的受众群体。同时，跨界融合也鼓励了更多的创新尝试，促进不同行业间的交流与合作，推动整个内容创作生态的健康发展。通过这种方式，短视频不仅成为信息传递的有效工具，更是促进文化交流和思想碰撞的重要平台。它为观众提供了更多元化的视角和对事物更深层次的理解。

## 视频文案：要想多活 5 年 那就去上海

为什么在上海能多活 5 年呢？

上海的人均预期寿命居全国首位，到现在为止，上海人的平均寿命约 84 岁，远超很多省市。

城市的人均寿命跟什么有关？我说一个可能颠覆你认知的事实，人均预期寿命跟经济条件和医疗水平有关，GDP 越高的城市和三甲医院数量越多的城市，人均寿命越高。

那肯定会有人问，北京、广州、重庆、天津 GDP 不高吗？三甲医院不多吗？那为什么会是上海的人均预期寿命全国最高呢？

因为除三甲医院和 GDP 之外，还跟人的生活习惯有关。

上海的饮食非常精细和清淡，上海人喝酒都跟别地不一样。

上海人爱喝黄酒。喝这种低度酒能明显降低心脑血管疾病的发生率。而且女性比男性还能喝，所以你看上海的女性活得就是比男性久。上海的女性还喜欢用国产品牌百雀羚。

中国有一个城市在预期寿命上已经赶超英国，那就是上海。

（发布于视频号：华红兵品牌策划）

## 【视频解析】

“为什么在上海能多活 5 年呢？”这一创意拉满的开场白直击心灵，瞬间抓住观众的好奇心。谈及长寿的奥秘，经济条件和医疗水平固然重要，但视频巧妙地指出，享受清淡饮食的乐趣同样是关键所在。在上海品一口古越龙山黄酒，细嚼慢咽间，生活智慧悄然流露，这种颠覆传统的逻辑让人耳目一新。

视频尾声处，镜头转向上海女士钟爱的百雀羚化妆品，看似突兀，实则是点睛之笔。这一场景不仅展现了上海女性对美的不懈追求，更揭示了这种追求如何让她们在生活中绽放光彩，增添长寿福祉。通过这样的细腻描绘，视频传达了一种生活的艺术：不仅是物质上的富足，更是精神上的满足与健康的生活方式。这种独特的视角，使视频内容更加丰富多元，令人回味无穷。

跨界融合法通过不同领域的知识、技能和方法等元素，激发出了智慧的火花。这种方法不仅汇集了各领域的精粹，还通过联想和类比解锁了全新的视角。在视频创作中，跨界融合宛如一支魔法棒，引领创作者挖掘出意想不到的创意宝藏。

例如，将科技与艺术结合，可以创造出视觉和技术上的双重震撼；把传统文化与现代潮流相融，则能带来新的文化活力和创新表达；而商业与公益的合作，不仅能传递社会责任感，还能赢得观众的信任和支持。每一种跨界组合都为内容注入了新鲜血液，使作品更加丰富多彩。

通过跨界融合，创作者不仅可以打破常规思维的局限，还能探索多元化的表现形式，从而吸引更广泛的受众群体。这种方法鼓励创作者大胆尝试和创新，促进了不同行业间的交流与合作，推动了内容创作生态的健康发展。最终，跨界融合不仅提升了视频的吸引力和传播力，更为观众提供了更多元化的视角和对事物更深层次的理解。

## 第四招：反话正说法

反话正说是一种巧妙的表达手法，通过正面的语言传达出相反的意思，常用于增强讽刺意味和幽默感。这种方法不仅能够提升短视频的感染力，还能引发观众的共鸣与思考。例如，用轻松诙谐的方式描述一个常见的烦恼或问题，反而能让观众会心一笑，并深刻体会到其中的真意。

在实际应用中，反话正说可以巧妙地用于调侃社会现象、揭示人性弱点或是评论时事热点。这种方法不仅能为内容增添趣味性和吸引力，还能够在不经意间传递深刻的观点和情感。这种表达方式既避免了直接批评可能带来的负面情绪，又能让观众在笑声中获得新的视角和启发。

事实上，反话正说不仅是文案创意中的利器，更是一种智慧的体现。它使短视频能够在轻松愉快的氛围中传达复杂的信息，增加内容的层次感和深度，从而更好地吸引并留住观众的目光。无论是搞笑短剧还是深度评论，恰当运用反话正说都能让作品更加生动有趣，令人难忘。

### 视频文案：山东其实 也没那么好

山东其实没多好。

山东没什么山，就一座泰山还凑合。山东也没什么河，就有一条黄河。山东也没啥矿，也就是石油、煤炭、黄金和钻石。山东自古以来也没出啥名人，就出了一孔子。山东书法自古就没大师，反正就临沂出了个王羲之。

都说山东人是“榆木疙瘩”，厚道老实，但是山东出了一个《孙子兵法》。都说山东人胆小，但是那谁敢在景阳冈打老虎呢？还是咱们山东人。所以山东那真是神一般的存在。那提起山东人，每个人心里都很骄傲。

（发布于视频号：华红兵讲策划）

## 【视频解析】

视频以“山东其实没多好”的开场，巧妙地激起了观众的好奇心。作者随即话锋一转，说起了巍峨的泰山、奔腾的黄河以及山东丰富的矿产资源，令人刮目相看。接着，作者又“轻描淡写”地提到孔子的智慧之光、王羲之的书法之美、孙子的兵法之智，以及武松打虎的英勇。这些元素汇聚成一句震撼人心的结论：“山东那真是神一般的存在！”

从“没多好”到“神存在”，这一系列看似“贬低”实则“铺垫”的叙述，正是反向思维与反话正说法的精妙运用。通过先抑后扬的手法，不仅增强了表达的戏剧性和吸引力，还让观众在反转中感受到更强烈的情感冲击。这种叙事技巧不仅凸显了山东的独特魅力和深厚底蕴，还巧妙地引导观众重新审视并深刻认同山东的文化价值。最终，这种方法不仅提升了内容的感染力，还使观众对山东的印象更加深刻和正面。

反话正说法是一种逆向思维的创意路径。它从问题的目标出发，运用逆向思维进行反向推导，从而找到实现目标的独特创意路径。这种方法不仅彰显了思维的灵活性与深度，更能在信息爆炸的时代中脱颖而出，有效吸引粉丝的目光，显著提升视频的完播率。

通过反话正说，创作者可以打破常规思维的局限，以意想不到的方式呈现内容，引发观众的好奇心和兴趣。例如，先提出一个看似负面的观点，然后逐步揭示其背后的积极意义，最终达成令人信服的结论。这种叙述方式不仅增强了内容的戏剧性和吸引力，还促使观众在观看过程中不断思考，加深对主题的理解和记忆。

此外，反话正说还能为内容注入幽默感和讽刺意味，使表达更加生动有趣。它不仅能传递复杂的信息，还能在轻松愉快的氛围中传达深刻的观点，让观众在笑声中获得新的视角和启发。因此，反话正说不仅是文案创意中的利器，更是提升短视频质量和传播效果的有效策略。

## 第五招：认知唤醒法

人的认知历程大致可分为三个阶段：沉睡、苏醒与觉醒。在短视频创作中，巧妙运用认知唤醒法能够创造出触动心灵的经典内容，引领观众从沉睡走向觉醒。通过精心设计的情节和富有启发性的表达，短视频不仅能够吸引观众的注意力，更能激发他们内心深处的共鸣与思考。

吸引力法则指出，唤醒认知可以显著增强观众的认同感。当内容成功触动了观众的情感或思想时，他们会更愿意参与互动、分享观点，并对品牌或信息产生更深的信任。这种方法不仅能提升视频的传播力，还能建立更强的品牌连接。认知唤醒法鼓励创作者深入挖掘人类共通的情感和价值观，创造出既有深度又具广度的内容。

最终，这种创意手法不仅能引发观众的认知转变，还可能推动社会进步，带来积极的影响。无论是个人成长还是社会责任，认知唤醒法都是短视频创作中不可或缺的利器。

### 视频文案：天津 一个最有年味的城市

中国最有年味的城市是哪里？天津。

要过年你就去天津过。我建议您这回从大年三十一直待到初五，就能感受到浓浓中国味。中国最有年味城市就在天津。

为什么这么说？你看看，大年三十天津人叫“守岁”，而且不让扫地，不用倒水，不能用剪刀，还不能说不吉利的话，所以他们叫“守岁”。

大年初一一定要吃饺子，所以大年三十的饺子是肉馅，初一吃素馅，表示这一年，肃肃静静，没有灾难。天津人吃饺子，在过年那一季，三十跟初一吃的都不一样。

你看多讲究，大年初二天津人一定是回娘家的，而且回娘家一定要带礼物。所以各位女婿准备好大年初二要回娘家，你要手上没有个礼物就别回去。在天津这话叫“带手”。

大年初三，俗话说初一的饺子，初二的面，初三吃烙饼卷鸡蛋。

大年初四是大饼炒鸡蛋。

大年初五这一天是不能到处拜年的，因为被称为“小人”。而且大年初五这一天各家各户啊，在那剁菜都剁得杠杠响。为什么？剁“小人”。这大年初五把“小人”赶走，过了初五，得，这一年就圆满了。

所以我觉得最有年味儿的地方就在天津。天津是最有年味的一个城市。今年过年我们要不要一起去天津过？

（发布于视频号：华红兵讲品牌）

**【视频解析】**

“中国最有年味的城市是哪里？”在传统佳节春节期间提出这样的问题，自然会引发极高的关注度。这一金句一经发布，浏览量迅速突破千万。在许多城市因现代化进程而逐渐淡化传统节日氛围的背景下，天津却如同一股清流，以其对传统节日文化的坚定传承与守护，成为冬日里的一缕暖阳，带给人们别样的温馨与感动。

作者在视频中细数天津从大年三十到大年初五的过年习俗，从饮食的讲究，说到当地民俗，娓娓道来，亲切自然。这种对传统文化和民俗的坚守让天津在快节奏的现代社会中脱颖而出，成了许多人寻找年味的理想之地。视频通过展示天津独特的过年习俗，不仅唤起了人们对传统节日的美好回忆，更传递了一种文化自信和归属感，使观众在感受浓浓年味的同时，也对这座城市充满了向往和敬意。

认知唤醒法通过将不同性质的事物进行巧妙组合，或对某一特定事物的现象、原理、结构进行深入剖析，进而借助创新的联结方式，将这些唤醒后的元素重新组合，赋予其全新的意义与生命力。这种方法不仅能够打破常规思维的局限，还能让观众在熟悉的事物中发现新的视角和价值。

创作者通过对日常现象的深度挖掘，揭示隐藏在其背后的逻辑和故事，激发观众的好奇心与思考。例如，将传统文化与现代科技相结合，或是从古老的哲学思想中汲取灵感应用于当代社会问题上，这样的创意往往能产生令人耳目一新的效果。这些作品不仅在众多内容中脱颖而出，更能在观众心中留下深刻印象，引发广泛的共鸣与讨论。

认知唤醒法鼓励人们大胆创新和跨界思考，它不仅是创作的独特工具，更是推动文化和思想进步的重要力量。通过这种方法，短视频不仅能传递信息，更能启发智慧，引领观众走向更深的理解和更高的认知层次。

## 第六招：多维联想法

多维联想法是指通过多角度、多感官的联想方式，对事物进行全面而深入的思考。这种方法鼓励创作者从不同的维度出发，挖掘事物的多重面貌和潜在联系，从而创作出富有层次感和深度的内容。用多维联想法创作的短视频不仅能够带给用户多角度思考的观察结果，还能提供丰富的感官体验，让用户身临其境，感受到更加直接的效果。

此外，多维联想法还促进了创造性表达的新解，使内容更具新颖性和启发性。通过将视觉、听觉、触觉等感官元素巧妙结合，或是从历史、文化、科技等多个视角切入主题的方法为观众带来耳目一新的体验。这种全面而深入的创作方法不仅能提升用户的参与度和共鸣感，还能激发他们的想象力和思考，使短视频在众多内容中脱颖而出，给人留下深刻印象。

多维联想法不仅丰富了内容的表现形式，更提升了其内在价值，是打造引人入胜、具有深远影响的短视频不可或缺的创意工具。

### 视频文案：这些良心企业 竟然都来自河南

我突然发现，现在很多河南的品牌真的是国货中令人尊敬和骄傲的良心品牌。

吃白象方便面、喝蜜雪冰城、穿鸿星尔克鞋、逛胖东来超市、吃双汇牌火腿肠、买莲花牌味精，河南正在成为中国的骄傲。

（发布于视频号：华红兵谈咨询）

## 【视频解析】

作者将河南的国货品牌联系在一起，让读者感受到中原大地上孕育的企业不仅承载着深厚的文化底蕴，更能以卓越的品质赢得尊重。视频中的每句文案都是金玉良言，字字入心。作者巧妙运用多维联想法，将闪耀的金句、严谨的逻辑和出彩的内核紧密联合，非常富有感染力。作者在视频中列举了多个河南国货品牌，不仅令观众印象深刻，更激发起强烈的民族自豪感。

正是这种精心构思的内容，使视频一经发布便迅速走红，浏览量突破千万，成为经典之作。让观众对河南这片土地有了全新的认识和敬意。通过这种方式，视频不仅传递了正能量，还为国产品牌树立了良好的形象，赢得了广泛的赞誉和支持。

多维联想法是一种将创造力与洞察力深度融合的方法。它能够将看似不同结构、不同领域、不同类别纷繁复杂的元素，通过一种深邃而独特的逻辑纽带紧密联系在一起，树立起一个值得特别关注的共同主题。这种方法不仅揭示了事物间隐藏的联系，更激发了全新的视角，引领我们发现世界的无限可能。

通过多维联想法，创作者可以从多个角度和层面审视问题，挖掘出深层次的意义和价值。无论是历史与现代的交织，还是科技与艺术的碰撞，每一个联结都像是打开了一扇新的大门，带领观众进入未曾探索过的领域。这种创造性的思维方式不仅能提升内容的广度和深度，还能激发观众的好奇心和思考，使他们以全新的眼光看待周围的世界。

多维联想法不仅是创意表达的强大工具，更是推动认知拓展和思想进步的重要力量。它鼓励我们在复杂的世界中寻找简单而深刻的联系，从而创作出既有广度又有深度的作品，为观众带来前所未有的启发和感动。

## 第七招：穿越时空法

穿越时空法是指通过某种途径，从一个叙事空间转移到另一个不同时间段的空间，一旦时间轴切换，短视频便立即获得丰富的空间层次感和深度。这种方法不仅打破了线性叙事的局限，还为故事增添了神秘感和戏剧性。

创作者可以通过历史与现实的交织、过去与未来的对话，或是不同年代之间的对比，创造出令人耳目一新的视觉和情感体验。例如，一段视频可以从古老的庙宇瞬间切换到现代都市，展示同一地点在不同时代的巨大变化；或者让历史人物与当代人进行跨越时空的交流，引发深刻的思考和共鸣。

穿越时空法不仅能提升内容的趣味性和吸引力，还能激发观众的好奇心和想象力，使他们以全新的视角看待时间和空间的关系。这种方法鼓励创作者大胆创新，为短视频带来了无限可能，带领观众经历一场又一场奇妙的时间旅行，探索未知的世界，感受历史与未来的碰撞。

穿越时空法是增强短视频创意和表现力的强大工具，它不仅丰富了叙事结构，更赋予作品独特的魅力和深远的意义。

## 视频文案：比巴黎更牛的是山东临清

中国山东的临清甚至比法国巴黎的城市布局还好。最被埋没的城市是哪一个？临清！

500年前的临清相当于今天中国的上海。“繁华压两京”，压的是哪儿？是北京、南京。

你可能去过很多城市旅游，却从来没有感受到文化这么浓郁过，你们去过法国巴黎就知道，巴黎是以凯旋门为中心发散出来的一个城市，觉得巴黎布局很好。但是您如果到了山东临清，你才会发现中国山东的临清甚至比法国巴黎的城市布局还好。法国巴黎是以凯旋门为中心，山东临清是以人间“烟火气”为中心。

因为自明清以来，临清可以说是中国这种市井文化的最具代表性的地方。你看王安石去过，苏轼去过，反正说您能记得起的那些历史文化名人似乎都去过临清。康熙、乾隆下江南必须下榻的地方是临清。临清是一个引无数文人墨客停留的地方，为什么？因为大运河，临清这个地方变成了一个非常重要的码头。

甚至清朝把它的钞关（相当于税务总局）设在了临清，它一家收的税相当于清政府四分之一的税收。直到现在，临清还保留着从元代以来修建的大运河。

生活在这样的城市，你每天都在穿越历史，留在了历史的时光里。你看，有竹竿巷、枇杷巷、箍桶巷，还有考棚街，每一条街道都是一个产业，前店后厂，你能想象到古代人有多么聪明和智慧吗？在巷子口就是很繁华的集市，而巷子里，就是住户和人家，他们把自己的商住都结合到一起，形成了独特的巷子文化。

所以你待在临清，从早到晚都能感受到历史与现实的穿越，那种感觉一般的城市没有，只有历史沧桑才能带给你那种文化的自信。那一刻我觉得成为中国人真好。我们一起相约去临清好吗？千年古城临清，为临清加油。

（发布于视频号：华红兵移动营销）

**【视频解析】**

创意需要人脑洞大开，先虚后实，容易引发用户共鸣。将山东临清与国际大都市法国巴黎、中国上海相对比，初看似乎不自量力，但在惊叹之余，细思后却又觉得异常合理。500年前，上海还只是一个宁静的小渔村，而巴黎也仅仅是与临清规模相仿的城市。这一对比不仅是对过往历史的追溯，更是对历史变迁和城市发展潜力的深刻洞察。

城市的兴衰起伏，如同人生的起起落落，都蕴含着无限可能与希望。临清这座承载着厚重历史与文化底蕴的小城，或许正蕴藏着下一个时代的辉煌。通过这样的创意对比，不仅激发了人们对历史的沉思，更唤起了对未来的无限遐想。观众在惊叹之余，感受到了时间的魅力与城市发展的无限潜力。

这种跨越时空的对比，揭示了每个城市背后的故事和演变路径，展示了历史的纵深感和未来的可能性。尽管临清今日不及巴黎或上海繁华，但其独特的文化传承和发展潜力同样值得期待。它提醒我们，每座城市都有其独特的发展轨迹，而每一个当下都是通向未来的起点。这样的创意表达，不仅让观众重新认识了这座小城的独特魅力，也为临清的未来注入了新的希望与活力。

穿越时空法的精髓在于巧妙地融合想象与现实，使两者相辅相成，共同构成对真实生活全面而丰富的反映。“实”是对真实生活深刻而敏锐的洞察，它捕捉那些平凡中的不凡，揭示生活的本质与真谛；“虚”则代表着基于真实生活素材的艺术性、创造性演绎，超越了日常的琐碎，以独特的视角和形式赋予生活新的意义与美感。

通过“实”的部分，创作者能够呈现生活中细腻的情感和深刻的哲理，让观众产生强烈的共鸣；而“虚”的部分则激发观众的想象力，带领他们进入一个充满可能性的新世界。虚与实虽形态迥异，却彼此相得益彰，共同构建出一个既真实又梦幻的叙事空间。

这种方法不仅丰富了短视频的艺术表现力，更拓宽了其传播价值与社会影响力。它展现了创意演绎的无穷魅力，使作品不仅能触动人心，还能引发广泛的思考与讨论。无论是历史与现代的交织，还是不同维度之间的对话，穿越时空法都能为观众带来全新的视觉感受和情感体验，引领他们探索时间与空间的无限可能。

## 第八招：神话预言法

神话预言法是一种借古喻今、妙笔生花的创作技巧。古代神话充满预言，从希腊神话中的德尔菲神谕到北欧神话中的诸神黄昏，再到中国神话中的伏羲八卦，这些预言不仅蕴含着先人的智慧，更跨越了时空的界限，与现代社会产生了意想不到的共鸣。

通过将这些古老的预言与现实对照，创作者能够揭示出历史与当下的深层联系，赋予内容更加丰富的内涵和深远的意义。例如，希腊神话中的命运三女神编织的命运之线，映射现代社会中个人选择与命运的关系；北欧神话中的世界树象征万物互联，呼应当今全球化的主题；中国神话中的天命观念则能引发观众对人生使命和社会责任的思考。

这样的短视频不仅能吸引大众观看，更能激发观众对历史文化的兴趣和对现实生活的深刻反思。神话预言法将古老智慧与现代视角相结合，创造出既有深度又具吸引力的内容，带领观众在古今交错之间探索人性的永恒命题，感受时间长河中的智慧传承与变迁。

神话预言法不仅能丰富内容的表现形式，还能提升其思想价值，使作品引人入胜的同时，传递出更为深刻的启示与思考。

**视频文案：云贵才是最富有的地方**

500年以前，刘伯温说江南千条水，云贵万重山。500年后，看云贵赛江南。

很多人不知道这句话是什么意思，总觉得云贵高原一带交通落后，经济也落后，这地方怎么可能会成为最富有的地区呢？

今天我们才真正发现，如今的江南都在被高温炙烤，我们才真正明白刘伯温的预言的含义。真正的富有，并不是存在银行里的钱，而是空气中的温度。

原来最富的地方，是因为这个地方有免费的空调，有干净的水，有安全的食品，这地方才是真正最富有的地区。

（发布于视频号：华红兵谈大运河）

**【视频解析】**

视频开场，作者就引用500年前刘伯温的话，指出云贵与江南的地貌特色。之后话锋一转，提出核心问题：为什么云贵会成为最富有的地区？原来，作者敏锐地捕捉到人们在炎炎夏日，渴望清凉的需求，发现云贵高原是避暑的理想之地。不仅如此，作者在视频结尾还将主题进一步升华。

这条视频不仅成功地将偏远的云贵山区推成了热门景点，更展现了创作者的高瞻远瞩与敏锐洞察。通过这种视角的切换，视频既传递了宏观的地理与气候知识，又贴近了观众的实际需求。创作者巧妙地将历史智慧与现代生活相融合，带领观众在古今交错之间感受时空变迁和人们对美好生活的不懈追求。这样的视频不仅能吸引眼球，更能触动心灵，引领观众思考自然与人类的关系，探索更多未知的美好。

神话预言法是创意中的惊天大法，它在历史与现实之间游走，在冷与热的交替中淬炼，最终锻造出令人惊叹的创意。这种方法尤其适合在视频文案创作中使用，将那些看似冷门、不为人知的话题巧妙转化为备受瞩目的热点。通过引入古老的神话或预言，创作者不仅赋予内容深刻的文化内涵，还为现代议题注入了新的视角和思考。

要熟练运用这一方法，创作者不仅需要对历史脉络有清晰的认知，还需对当下社会动态保持敏锐的洞察力，以及对人性情感的深刻把握。只有这样，才能准确捕捉到古今之间的共鸣点，使观众在感受历史智慧的同时，也能产生强烈的现实关联感。例如，希腊神话中的命运预言可以映射现代社会中的选择与宿命，北欧神话中的世界树象征万物互联，呼应全球化的主题，而中国神话中的天命观则能引发对人生使命和社会责任的思考。

通过这种跨越时空的创意手法，视频内容不仅能吸引眼球，更能触动心灵，引领观众探索历史与现实的交汇点，感受时间长河中的智慧传承与变迁。神话预言法不仅是创意的利器，更是连接过去与未来的桥梁，展现了无限的创作可能。

## 第九招：吸睛大法

在注意力经济时代，吸引眼球的视频往往是高流量的关键。所谓“吸睛”，就是巧妙地吸引观众的注意力。这一方法旨在通过独特的内容和创新的表现形式，迅速抓住观众的目光，使其在海量信息中脱颖而出。

吸睛大法的核心在于创造令人难忘的第一印象。无论是通过引人入胜的开场白、震撼人心的画面，还是出其不意的情节转折，创作者都需要精心设计每一个细节，确保视频能在短短几秒内激起观众的兴趣。同时，内容还需具备深度与价值，使观众不仅停留片刻，更能持续关注并分享。

成功的吸睛策略不仅依赖于视觉和听觉的冲击，更需要对受众心理进行精准把握。了解观众的需求和兴趣点，结合当下热点和社会动态，才能打造出真正打动人心的作品。这种方法不仅能提升视频的浏览量和互动率，还能增强品牌或个人的影响力，为后续发展奠定坚实的基础。

吸睛大法是短视频创作中的重要技巧，它不仅帮助作品在竞争激烈的环境中脱颖而出，更赋予了内容持久的生命力和传播力。

## 视频文案：下半生要去 四川度过余生

中国有一个非常神奇的地方叫四川，你看政治上不如北京，金融不如上海，经济不如广东，GDP 增长都不如江苏。但是幸福指标全国最高的是四川，为什么呢？四川人天生快乐，全国各地现在很多年轻人很焦虑、很抑郁，但是四川据说没有抑郁症和焦虑症，为什么呀？天生乐观。

那个地方不仅有美女，还有美食，你看中国最多的茶馆，在四川；中国最多的麻辣烫，在四川；中国最多的火锅，在四川。整个四川都充满那种“麻辣精神”，实际上就是一种“调味精神”。所以你在别的地方吃的饭菜就是普通饭菜。

四川菜为什么往里面放麻放辣，麻和辣就等于是欢乐的调味品，你到四川吃的不是川菜，你吃的是欢乐，给生活添点麻辣的欢乐料，这就是四川。

所以我觉得下半生应该去四川度过余生，你觉得今年“五一”我们要不要一起去四川看美女、吃麻辣烫？

（发布于视频号：华红兵品牌营销）

【视频解析】

人们一向认为富饶的沿海地区和“人间天堂”的苏杭才是理想的神往之地，那么，为什么“下半生要去四川度过余生”呢？这一醒目的标题如同一道闪电划破天际，瞬间吸引了无数目光。对于四川人而言，这条视频不仅是一份荣耀，更是一份自信的彰显。它让四川人重新发现了自己家乡的美好与独特之处，激发了他们对这片土地更深的热爱与自豪。作者赞扬四川人的乐观精神，点评四川的特色美食，这些内容不仅唤起了四川人的乡愁与归属感，也让外地观众心生向往。

因此，这条视频在四川人群中引起了强烈的共鸣，被争相传阅，迅速走红。它不仅提升了四川的知名度和美誉度，更为四川人注入了新的精神动力。这种由内而外的自豪感，使更多人愿意分享和传播这份美好，让更多人了解并爱上这个充满魅力的地方。

吸睛大法不仅可以通过视觉冲击吸引观众，还可以通过使用富有哲理和文学性的金句来显著提升视频内容的品质。这些精练而深刻的语句不仅能迅速抓住观众的注意力，更能引发深层次的情感共鸣、场景代入和思想共振。一段好的金句往往能在瞬间点明主题，赋予视频更深的精神内涵。

当观众被这些金句所吸引后，他们不仅仅是停留在表面的视觉享受上，而是深入情感与思想的层面，体验一种更为丰富的观赏过程。这种高级感超越了简单的感官愉悦，成为一种精神的滋养。观众在享受美感的同时，也能获得心灵的启迪与升华，感受到内容背后所传递的智慧与情感。

吸睛大法不仅仅是为了吸引眼球，更是为了创造一种能够触动人心、引发思考的艺术体验。通过巧妙运用金句，视频不仅能打动观众的心灵，还能在他们心中留下深刻的印象，使作品具备更长久的生命力和影响力。这种方法不仅能提升视频的内容深度，也能为创作者赢得更多的尊重与认可。

## 第十招：神来之笔法

神来之笔是指在短视频创作中不期而至的精彩文墨，它如同灵光一闪，瞬间点亮了整个作品。这种突如其来的灵感不仅让视频的意境和技法显得精妙绝伦，更赋予了作品一种超凡脱俗的魅力。神来之笔常常出现在不经意间，却能巧妙地点明主题、深化情感或揭示深刻的哲理，使视频从众多内容中脱颖而出。

这种方法不仅能提升作品的艺术性和观赏性，还能增强观众的情感共鸣与思想共振。一句精妙的台词、一个意想不到的转折、一段动人心弦的音乐，都可能成为神来之笔，为视频注入灵魂。这些妙手偶得的佳作往往令人拍案叫绝，给人留下深刻的印象，甚至成为经典之作，被广泛传播。

因此，在短视频创作中追求神来之笔，不仅是对艺术的一种执着，更是对观众心灵的一次触动。它不仅仅是技巧上的突破，更是创作者灵感与才华的自然流露，让每一个观众都能感受到那份独特的魅力与震撼。通过神来之笔，创作者能够制作出既有深度又具感染力的作品，引领观众进入一个充满惊喜与感动的艺术世界。

## 视频文案：陕西和英国有一比

英国有啥了不起的，我们拿一陕西比，就把英国盖过去了。

首先，英国的地图跟陕西的地图几乎是重叠的，形状都特别相似。英国北部有苏格兰高地，陕西北部有黄土高坡；英国有女王，陕西有武则天；英国的标志是大本钟、伦敦塔，陕西的标志是钟楼、大雁塔。

英国伦敦是130年前世界最繁华的都市。可是陕西西安是1300年前全世界最繁华的都市。

他们俩的邻居都几乎发音一致。英国的邻居是荷兰，陕西的邻居叫河南。

资源都特别相像，英国的主要资源是煤、石油、天然气，陕西的资源也是煤、石油、天然气。

英国的食品是汉堡，陕西的食品是肉夹馍，中式汉堡。

英国叫“日不落帝国”，我们陕西叫“大唐不夜城”。英国本土分为苏格兰、威尔士、英格兰三个区，谁也不服谁。陕西分陕北、陕南、关中三个地方，相互也看不惯。英国有一个本初子午线，陕西有个子午岭。你知道格林尼治的时间测量点在英国，可北京时间的测量点其实并不在北京，在陕西。

语言都是相通的，比如英语说："come on"，陕西关中说："康忙"，发音是一样的。所以我觉得那些准备去英国的留学生就别去英国了，对不对？您直接去陕西。到陕西多好，到了陕西能感受中国文化，还能让你感觉去到了英国。

我们陕西真的比英国还美、还好，比它历史还悠久，文化更厚重。

（发布于视频号：华红兵营销策划）

## 【视频解析】

神来之笔法作为一种创新策略，涵盖了原理移植、技术迁移、结构重组、方法借鉴、功能转化、空间映射、文化交融以及网络互联等多个维度，为创意的跨界融合提供了无限可能。这条视频巧妙地揭示了中国陕西与英国之间令人惊叹的六大相似之处：地图轮廓、历史人文、资源分布、文化特色、行政区划和地理特征等。

通过这些精心的策划对比，视频不仅展示了两地在多个层面上的深层联系，还以独特的视角展现了文化的共通性和多样性。粉丝们纷纷直呼："太有才了！"这种意想不到的创意不仅促进了不同文化之间的交流与理解，更拓宽了人们认知世界的边界。它让观众在惊叹之余，重新审视全球文化的多样性和统一性，感受到跨越时空的奇妙连接。

这样的创意不仅提升了视频的艺术性和观赏性，还赋予了内容更深层次的意义。它鼓励人们跳出固有的思维框架，探索更多未知的可能性。神来之笔不仅展现了创作者的智慧与才华，更传递了一种创意无限、连接无界的美好愿景，引领观众进入一个充满惊喜与感动的艺术世界。

神来之笔法是一种创新的思维策略，其核心在于将某一学科、领域或地区中的原理、文化、技术、方法等元素巧妙应用于其他不同领域，实现跨界的相互渗透与融合。这种方法不仅促进了知识的多元化交流，还激发了前所未有的新灵感，为短视频作品带来耳目一新的质变。通过这种跨界创新，创作者能够打破思维常规，制作出既有深度又具创意的内容，引领观众进入一个充满惊喜与启发的新世界。神来之笔法不仅提升了作品的独特性和吸引力，还拓宽了创意表达的边界，展现了无限可能。

## 第十一招：以小博大法

以小博大法是指通过较小的成本投入换取显著的回报，用智慧实现以少胜多的效果。这种方法强调在有限资源下，通过巧妙构思和精准执行，制作出具有广泛影响力的作品。采用以小博大法创作的短视频不仅能够以较少的投入获取较大的回报，还能给人以智慧的启迪，引发观众深思。

在实际操作中，创作者可以通过聚焦微观视角、挖掘平凡生活中的不凡故事，或是利用简单的道具和场景来传达深刻的主题。例如，一段简短的家庭对话可能揭示出人性的温暖；一个普通人的日常奋斗或许能激起无数人的共鸣。这些看似微不足道的元素，在精心编排下，往往能产生意想不到的情感冲击和社会反响。

以小博大法不仅是对资源的有效利用，更是对创意潜力的深度挖掘。它鼓励创作者摒弃常规思维，寻找新颖独特的表达方式，从而在竞争激烈的短视频领域中脱颖而出。这种方法不仅提升了作品的艺术价值和传播效果，还传递了积极向上的价值观，让观众在享受内容的同时获得心灵的滋养与启发。

## 视频文案：绍兴不出名校 却爱出“师爷”

绍兴没有一所名校，“211”“985”一所都没有。但这些名校的校长，有很多是绍兴人，各位知道北大的第一任校长是谁？是蔡元培，绍兴人。

北大到现在为止出过29名校长，其中有4名是绍兴人，还有马寅初也是绍兴人。绍兴人受文化教育程度历来比较高，在历史上曾经出过39个状元。

我们现在知道的中华历史上的名人，很多都是出自绍兴。各位都听说过大禹治水吧，大禹最后葬在绍兴；听说过越王勾践吗，卧薪尝胆，三千越甲可吞吴，绍兴人；听说过陆游吧，绍兴人；到了民国时代，最令人振奋的一个人物叫鲁迅，我们用再多的语言去形容鲁迅都不为过分。在他冷酷的外表下，却藏着一颗宽厚的爱国之心，鲁迅激励了中国人的灵魂。

这就是绍兴，他既能培养出西施这样的柔美，又能培养出像鲁迅这样的一把“尖刀”。

绍兴黄酒陪伴着这些绍兴的名士，用诗与剑共同铸成了绍兴这个地方的文化。

（发布于视频号：华红兵营销策划）

**【视频解析】**

中国绍兴虽只是浙江省的一个地级市，人口仅500多万，经济规模远逊于省会杭州，更无法与北京、上海这样的国际大都市相提并论。然而，正是这样一座看似不起眼的小城，却以令人瞩目的能量和风采展现了其独特魅力。绍兴不仅盛产像古越龙山这样名扬天下的绍兴黄酒，还孕育了无数名士、状元，文化底蕴深厚。

这条视频瞬间轰动了整个绍兴城，不仅让绍兴人更加自信与自豪，也让外界重新认识了这座小城的非凡之处。作者如数家珍般地讲述绍兴历史上的文化名人，让观众意识到这座江南小城浓厚的文化积淀，整个视频都传递出绍兴的独特韵味。

绍兴的故事告诉我们，无论城市大小，都有其不可替代的价值和光芒。这种微观视角的展示，不仅提升了地方的知名度和美誉度，更为当地居民注入了新的精神动力。它让人们意识到，即使是相对较小的城市，也能在特定领域中展现出卓越的实力，成为人们心中的骄傲。

以小博大是创意中的“乘除法”，“乘”指的是放大，可以将某一事物放大到历史的长河中，放大到文化的深处；而“除”，则是反向思维的艺术，通过缩小视角，聚焦细节，往往能揭示出意想不到的宏大叙事与深刻哲理。在短视频文案创意中，这种方法如同在画布上挥洒自如：用“乘”的笔触描绘出广阔的天地，用“除”的细腻勾勒出细节之美，两者相辅相成，共同绘制出一幅幅既宏大又精致的故事画卷。

通过“乘”的手法，创作者能够挖掘出平凡事物背后的历史和文化底蕴，赋予其深远的意义。例如，一段古老的传说、一种传统的手工艺，都可以成为连接过去与现在的桥梁。而“除”的技巧则在于从细微之处入手，捕捉那些容易被忽视的美好瞬间或动人故事，使观众在细节中感受到深刻的情感共鸣。

在这个过程中，看似微不足道的事物不再是无关紧要的存在，反而成了引领潮流、激发共鸣的大创意。短视频因此不仅传递了文化，启迪了思考，还赋予每个人惊喜与灵感。它让人们重新审视日常生活中的点滴，发现其中蕴含的无限可能。无论是宏大的历史背景还是细致入微的生活片段，都能通过这种创意手法展现出独特的魅力，使作品在吸引眼球的同时，也能触动心灵，引发深刻的反思与情感共振。

## 第十二招：灵感众创法

灵感众创法强调的是一种集体的创新力量，通过汇聚众人的智慧和创意来产生独特而丰富的灵感。这种方法的核心在于“大众参与”，鼓励广泛的社会成员贡献自己的想法和视角。与传统的单一创作者或小团队创新方式相比，灵感众创法不仅能够汇集更多元化的观点，还能显著提高创意的成功率。

在短视频创作中，灵感众创法可以通过多种途径实现，例如，发起线上创意征集活动、建立创意社区平台或是组织线下创意工作坊。这些方式不仅能激发更多的创意火花，还能增强观众的参与感和归属感。参与者不仅是内容的消费者，更是制作者，他们可以为视频提供新颖的素材、独特的视角或是意想不到的表现形式。

通过这种方式，创作者能够捕捉到更广泛的兴趣点和社会热点，使作品更具代表性和共鸣力。同时，众创过程本身也是一次互动和交流的机会，促进了不同背景人群之间的思想碰撞，催生出更多富有创意和深度的内容。灵感众创法不仅提升了短视频的质量和影响力，还为创意产业注入了源源不断的活力，展现了集体智慧的强大魅力。

## 视频文案：这五个城市出的院士最多

中国最出名的前五个城市是哪些？

排名第一的是宁波，出了118位院士；排名第二的是苏州，仅少1名，出了117位院士；第三名是无锡，出了96位院士；第四名是上海，出了86位院士；第五名是绍兴，出了74位院士。

怎么这些院士都在“长三角”？会不会因为喝了绍兴老酒中的“状元红”呢？

（发布于视频号：华红兵移动营销）

## 【视频解析】

一日，作者看到一则新闻，列举了中国院士数量最多的城市排行，令人吃惊的是，在这份榜单的前十名中，长三角地区独占七席，而前五名更是被“长三角”城市包揽。这一发现激发了作者的好奇心和创作欲望。为了将这一现象转化为引人入胜的短视频内容，作者召集了一次头脑风暴会议。

与会者们围坐在一张圆桌旁，思维的火花四溅，灵感的浪潮扑面而来。大家从不同角度探讨“长三角”地区为何能孕育如此多的学术精英，分析其背后的历史积淀、教育资源和社会环境。讨论逐渐深入，从科技创新到文化传承，从政策支持到人才吸引，每一个观点都为创意注入新的活力。最终，这条短视频的创意应运而生。

灵感众创法作为创意领域的最高阶形态，是深厚知识底蕴与长期经验积淀在某一瞬间的璀璨绽放。它孕育出新颖独特、极具创造力的思维路径与解决方案。在短视频创作中，面对难题时，灵感的闪现犹如点石成金，能够瞬间点燃创意的火花。当这些火花四溅并连成一片时，爆款短视频便能应运而生。

这种方法不仅依赖于个体的智慧，更强调集体的力量。通过汇聚众人的创意和见解，灵感众创法能够在短时间内产生大量富有潜力的想法。创作者们围坐在一起，分享各自的视角和经验，彼此激发，共同探讨，最终形成一个完整的、充满活力的创意方案。每一个参与者都成为创意链条上不可或缺的一环，贡献着自己的独特价值。

这种集体智慧的碰撞不仅提升了作品的质量和创新性，还赋予了内容更广泛的共鸣。灵感众创法鼓励开放合作，打破了传统创作中的局限，使创意过程更加灵活多变。无论是从选题策划到内容制作，还是从视觉设计到情感表达，每一个环节都能在集体智慧的推动下达到新的高度。最终，这种协同创新不仅能引燃爆款短视频，还能为观众带来良好的视听体验和深刻思考。

## | 第四节 |

# 善与信仰，创意心法之道

如何将善良和信仰融入短视频的创意，赋予内容更深刻的内涵？这是每位短视频创作者需要认真思考的问题。真正的创意不仅追求形式上的创新，更应该是一种价值观的传递。通过讲述感人故事、讴歌真善美、弘扬社会正能量，创作者能够建立与观众的情感连接，激发共鸣。这种基于善与信仰的创作理念，不仅能提升作品的影响力，还能为社会带来正面的改变，引领观众走向更加美好的未来。

### （一）善是创意的出发点

短视频创作的过程与企业生产产品的过程一样，都要秉持“善良”的初心。产品的背后其实是人品，人的态度直接决定了产品对用户的态度。假如你把用户看作自己的亲兄弟姐妹，内心的善良将自然而然地被激发出来。在这种心态下创作的作品，自然能够收获来自用户的善意回馈、信任和回报。

因信生善，因善生爱。这种基于信任和善良的关系不仅是商业成功的基础，更是社会和谐的关键。当创作者怀着一颗真诚的心去对待每一个细节时，他们所传递的价值观便能深深打动人心。用爱心制作的产品不仅会在市场上脱颖而出，成为精品，还会赢得消费者的长期支持与忠诚。

因此，真正的创意应当从善出发，将善良融入每一个环节。只有这样，才能创造出既有温度又有深度的作品。这些作品不仅能为消费者带来物质上的满足，更能触动他们的心灵，引发情感共鸣。善不仅是创意的出发点，更是连接创作者与用户之间的桥梁，它使每一次互动都充满了温暖和力量。

## （二）创意是一份信仰

移动互联网将人类社会带入“人人时代”，这个时代最显著的特点是普通大众享有信息获取权。信息对称的完整性，不仅促进了教育的平等、机会的均等和财富的公平。在移动互联网的冲击下，“信息人人在握、机会平等重构”的理念席卷全球，“以人为本”的价值观得到了前所未有的重视。

从通信智能化到全球即时联网，智能手机的发明者或许也未曾预见这一深远的结果。互联网从精英消费转向大众集体参与创造，催生了全球全民创新的新模式，让 IT 产业的精英们也不得不向民间高手致敬。移动互联网不仅是一场技术变革，更带来了深刻的商业和社会变革，推动了科技文明的进步。

新时代移动互联网拒绝向不文明者发售“船票”，而文明者则坐上了“头等舱”。这是一个令人感动的时刻，人类等待这一刻已有千年之久。移动互联网不仅是无与伦比的技术革新，更是裹挟着平等之风，催促全球科技文明再进化。

人类因爱而生。纵观历史，科学家如白天的太阳照亮理性，文学家像夜晚的月亮抚慰感性。一个没有诗歌的夜晚是多么凄凉！移动互联网再次激发了全民智慧，在“内容为王”的旗帜下，所有人都能勇敢地表达自己的情感、思想和创意，通过手机奏出美妙绝伦的音符，在互联网上汇聚成交响乐章。

基于“人本、进化、开放”三大哲学基础的移动互联网，引发了对人类存在本质性的思考——人人、文明与博爱，这也是移动营销三大伦理的最高准则。这是一个没有指挥、没有主演、没有特定制式的舞台，但却如此壮观，充满美感。因此，可以说，移动互联网不仅仅是一项技术，更是一种信仰。

## （三）信仰的力量

信仰的重要性体现在其对个人和社会的深远影响。以两个同时代的家族为例：信基督教的爱德华兹家族和无神论者的马克·尤克斯家族。200年后，爱德华兹家族人口达1394人，其中包括100位大学教授、14位大学校长、70位律师、30位法官、60位医生、60位作家、300位牧师和神学家，以及3位议员和1位副总统。

相比之下，马克·尤克斯家族总人口903人，其中包括

310位流氓、130位服刑超过13年的罪犯、7位杀人犯、100位酒徒、60位小偷、190位妓女，甚至有10名是在监狱学会经商的商人。两个家族历经百年后的巨大差异，向所有人揭示了信仰的力量。

爱德华兹家族种下了两颗重要的种子：第一颗是“善和爱”的种子，这使他们家中出现了许多医生、教授和大学校长；第二颗是“敬畏”的种子，使家庭成员铭记“举头三尺有神明”。这种敬畏之心确保了他们在行动中遵循自然规律，守住道德底线。

这两个家族的历史对比让我们深刻感受到信仰和爱的巨大能量。在金钱关系中，创意不仅是灵感的源泉，更是一种信仰。而信仰，则是连接人类内在能量的通路，引导我们走向更加美好的未来。

# 第七章 文案精练，直击人心

令人印象深刻的文案能迅速抓住观众注意力，并传递核心信息。精练且富有创意的文案不仅能够清晰表达视频主旨，还能激发情感共鸣，增强记忆点。一句有力的开场白或结尾号召可以显著提高用户的参与度和分享意愿。文案要贴合目标受众的语言习惯与兴趣点，确保内容既接地气又具吸引力。此外，巧妙结合视觉元素与文字叙述，可创造更加丰富的观看体验，提升视频的整体质感。优秀的文案设计还能够强化品牌形象，助力长期用户关系的建立，使短视频在竞争中脱颖而出。

在这个信息爆炸的时代，注意力成为最稀缺的资源，而精练的文案则是抓住观众目光的关键。本章将探讨如何用精准的文字来传达最丰富的信息，使每句文案都充满力量和情感。短视频创作者应该高度重视文案的创作，无论是标题、开头还是结尾，都需要精心雕琢，以确保迅速吸引并留住观众的心。

我们将深入剖析爆款文案，学习如何通过精准的语言表达，直击受众内心的痛点与渴望。同时，本章还会介绍一系列实用技巧，帮助创作者提炼核心信息，避免冗长和不必要的修饰，让文案既简练又深刻。读者将掌握如何打造那些能够在瞬间引起强烈反响、留下深刻印象的短视频文案，从而大幅提升内容的传播力和影响力。

## |第一节|

# 文案魔力，视频灵魂所在

在短视频的创作中，文案不仅是传递信息的工具，更是触动心灵的艺术。优秀的文案犹如点睛之笔，赋予视频以灵魂，使其从众多内容中脱颖而出。它不仅能够简洁明了地传达核心信息，更能通过精妙的语言和情感的共鸣，迅速抓住观众的注意力并引发深层次的思考。

一篇高级的文案需要具备三个要素：简练、深刻与共鸣。简练的文字避免冗长，直击要害；深刻地洞察揭示本质，引人深思；而共鸣则能触动人心，建立情感连接。当这三者完美结合时，文案便会展现出其无与伦比的魔力，使视频不仅仅是一种视觉享受，更成为一次心灵的对话与启迪。

因此，文案不仅是视频的灵魂所在，更是创作者与观众之间沟通的桥梁，它承载着故事、情感与思想，引领观众进入一个充满想象与感动的世界。

## 视频文案：过去十年看广东 未来十年看辽宁

你知道辽宁曾经有多牛吗？辽宁是整个中国工业经济的摇篮，他曾经为中国工业贡献了1000多个“中国第一”：中国第一台蒸汽机、清朝第一座皇宫、亚洲最大的城市广场——星海广场、中国第一条商业步行街——沈阳中街、中国第一枚国徽、第一根无缝钢管、第一代喷气式歼击机，就连中国第一艘航母也是辽宁号。

看今天，辽宁稍有些经济衰落，但是辽宁的底气很足，未来发展潜力无限。因为辽宁无论从工业、农业，还是辽宁的海岸线，都具备重新崛起的条件，关键是辽宁的思想如果再解放一点，勤奋的辽宁就一定会更牛。

（发布于快手：华红兵点赞大运河）

### 【视频解析】

视频直接提及“辽宁稍有些经济衰落”，这一坦诚的表述精准地触碰到了一个明确的痛点。视频通过承认辽宁当前面临的挑战，不仅能够引起观众的共鸣，尤其是那些关心辽宁发展的人士，还为后续展示辽宁的潜力和希望奠定了坚实的基础。

随后，作者话锋一转，用一连串的“中国第一”展现出辽宁雄厚的工业基础和发展潜力。紧接着，作者强调了辽宁在工业、农业和海岸线等方面的优势，这些得天独厚的资源禀赋成为辽宁未来发展的有力支撑。作者不仅在视频中讲述辽宁蕴含的巨大潜力，更传递出一种积极向上的信念：辽宁正站在新的起点上，准备迎接更加辉煌的未来。

视频内容不仅激发了观众对辽宁未来的信心与期待，更提振了辽宁人民的士气。本视频的点赞、关注、转发量均超过10万，全网流量突破1100万。

## | 第二节 |

## 三大法宝，构建有力表达

尽管短视频文案的篇幅有限，却蕴藏着简约而不简单的艺术，其精髓在于文案的巧妙构思。这不仅是想象力的飞跃，更是清晰思路与严谨逻辑的完美交融。具体体现在以下三点。

首先，痛点是激起观众共鸣的关键。通过精准捕捉目标受众的烦恼和需求，视频能够迅速建立情感连接，引发观众的深度认同。这种共鸣不仅提升了观看体验，还增强了内容的传播力。

其次，爆点是引爆话题、制造热点的核心。一个成功的爆点能够在短时间内抓住观众的眼球，激发起他们的好奇心和分享欲。无论是惊人的事实、感人的情节还是幽默的桥段，爆点都是推动视频成为爆款的重要因素。

最后，亮点是展示独特价值和优势的窗口。通过突出产品或故事中的特别之处，视频能够为观众提供新的视角和启发，留下深刻的印象。亮点不仅展示了创作者的匠心独运，也为品牌或内容注入了持久的魅力。

痛点、爆点、亮点三者相辅相成，共同构成了短视频文案中有力的表达体系，使短视频在有限的时间内传递出丰富而深刻的信息，真正体现“短小精悍”的特点。这种方法不仅提升了作品的质量和影响力，更为观众带来了难忘的视听享受和思考空间。

## （一）痛点：短视频的核心驱动力

所谓痛点，是指那些用户一直迫切需要解决却单凭自身力量难以攻克的问题症结。当这些问题被短视频以独特的方式精准触及并瞬间引爆时，用户内心深处的那份渴求与困扰便找到了释放的出口。短视频凭借其超短的时长和直击要害的精准度，高效地满足了用户的三大核心需求。

首先，现实需求——即当下亟待解决的难题。无论是生活中的小烦恼还是工作上的大挑战，短视频通过提供实用的解决方案或情感支持，迅速缓解用户的焦虑，建立起即时的信任感。

其次，未来需求——对未来美好生活的向往。短视频不仅展示理想的生活方式、职业发展路径或健康习惯，还激发用户对未来的憧憬，鼓励他们为实现梦想而努力。这种正向激励能够深刻影响用户的行为和态度。

最后，潜在需求——那些尚未被明确意识到，但一旦触及便能引发共鸣的深层次渴望。这类需求往往隐藏在用户的心底，可能涉及自我认同、归属感或个人成长。短视频通过细腻的情感表达和引人入胜的故事，挖掘出这些未被言说的需求，引发强烈的共鸣。

用户的痛点就是短视频的卖点。它们不仅是驱动用户观看、评论、分享等这些互动行为的强大动力，更是短视频创作者必须深入挖掘与精准把握的关键所在。短视频通过精准捕捉并有效解决用户的痛点，不仅能够建立起与观众之间牢固的情感链接，还能在激烈的市场竞争中脱颖而出，成为引领潮流的先锋力量。创作者只有真正理解并回应用户的痛点，才能创作出既具深度又有温度的作品，使内容在海量信息中独树一帜，赢得用户的长期关注和支持。

### （二）亮点：触动心灵的三大触点

文案中的亮点在于巧妙激发用户的三大心灵触点：好奇心、同理心与同情心。这些情感纽带不仅能增强用户与内容之间的互动，还能为短视频注入深厚的情感价值和持久的记忆点。

首先，好奇心作为人类探索未知的本能，被文案中的悬念与反差巧妙唤醒。例如，提出“上海绝对是中国的天花板？”或“为什么娶媳妇要娶山东女孩子？”这样的问题，不仅令人眼前一亮，更激发了观众探究真相的强烈欲望。通过呈现意料之外的内容与视角，文案能够成功地引发用户的好奇心，吸引他们在视频中寻找答案，进而加深用户对内容的深刻记忆。这种引人入胜的方式不仅能提升观看率，还能让用户在探寻答案的过程中产生更多思考和讨论。

其次，同理心作为连接人与人之间的情感桥梁，是建立信任与共鸣的前提。短视频文案通过挖掘和呈现用户共同的价值观念与生活体验，比如“四川人值不值得交朋友？”这样的主题，巧妙地激发了群体性同理心。这种基于共同认知的情感链接，不仅拉近了用户与内容的距离，还使用户加深了对短视频的认同感与忠诚度。通过讲述真实而贴近生活的故事，短视频能够引发广泛的共鸣，使观众感受到自己并不孤单，从而建立起深厚的情感联系。

最后，同情心作为人性中最温柔的部分，是短视频最难触及却是流量最不可或缺的密码之一。例如文案通过提出“再苦不能苦孩子，再穷不能穷教育”这样发人深省的社会议题，成功触发了用户的情绪价值，从而产生了强烈的同情心。用户基于同情心，会更愿意主动分享与传播短视频，形成强大的口碑效应。这种情感上的共鸣不仅提高了内容的传播力，还赋予了短视频更深的社会意义和影响力。通过触动用户的同情心，短视频不仅传递了正能量，还能为社会带来积极的改变。

通过巧妙激发好奇心、同理心与同情心，短视频文案不仅能够在短时间内吸引用户的注意力，还能建立起深层次的情感连接。这种方法不仅能提升内容的质量和吸引力，更能为创作者赢得用户的信任和支持，成为短视频成功的关键因素之一。

## （三）爆点：瞬间引爆用户的注意力

在日益激烈的流量竞争环境下，短视频平台上的用户关注时间窗口已从昔日的“黄金三秒”急剧缩短至“黄金一秒”。知乎平台同样经历了内容吸引力的快速升级，从以往的“30字锁人”进化到了“10字锁人”。在这样的背景下，要吸引用户从浏览视频到点击进入，并完整观看内容，创作者必须精心打造至少三个关键爆点，以确保内容能够在瞬息万变的信息流中脱颖而出。

首先，瞬间抓人眼球的标题是吸引用户点击的第一步。一个好的标题不仅要在极短的时间内传递核心信息，还要具备足够的吸引力和悬念感。例如，“你绝对想不到的秘密”或“颠覆认知的事实”，这些标题能既迅速抓住用户的注意力，又能激发他们的好奇心，促使他们进一步了解详情。

其次，妙语惊人的金句是保持观众兴趣的关键。在视频内容中适时插入几句令人印象深刻的话语，不仅能提升内容的趣味性和深度，还能增强观众的记忆点。无论是幽默诙谐的调侃，还是发人深省的哲理，金句都能够瞬间点亮整个视频，使观众产生共鸣并愿意继续观看下去。

最后，引人遐想的结尾与不可思议却合理的解决方案，是留住用户的秘诀。一个巧妙设计的结尾可以引发观众的思考和讨论，甚至促使他们反复回看或分享视频。而提出一种看似不可思议但又合乎逻辑的解决方案，则能在满足好奇心的同时，提供新的视角和启发，使观众感到耳目一新。

综上所述，在“黄金一秒”的竞争环境中，创作者必须通过精心设计这三个关键爆点——抓人眼球的标题、妙语惊人的金句以及引人遐想的结尾或解决方案，来确保内容在海量信息中迅速吸引住用户的注意力，并引导他们完整地观看视频。这种方法不仅能提升内容的传播力和影响力，还能为创作者赢得宝贵的用户留存率，成为在激烈竞争中脱颖而出的重要策略。

## |第三节|

# 拆解爆款，十大案例解析

我们从3万条短视频中挑选出10条最美文案，通过拆解，深入分析每个视频的痛点、亮点和爆点，揭示其中隐藏的流量密码。这种方法不仅能帮助我们理解成功背后的关键要素，还为未来的创作提供了宝贵的经验和灵感。通过对这些视频的细致剖析，我们能够更好地掌握吸引观众、引发共鸣并实现高传播率的策略。

### （一）最反转的文案：全网最美的办公楼 我向它敬礼

全网最美办公楼，我向它敬礼。

这栋楼被称为“全网最美的办公楼”。在今天这样一个看脸的时代，建筑物一个比一个高大上，但是淄博的这栋办公楼，却显得特别的“寒酸”。难道淄博没钱吗？长年以来，它的教育经费占GDP的比重在全山东省排名第一。再苦不能苦孩子，再穷不能穷教育。淄博政府收到的钱去哪儿了呢？原来给了教育，给了长者食堂去补贴老人。这栋楼虽破，但心却美。

我给这栋楼起了个外号叫“人间烟火”，看似摇摇欲坠的破败，却是人们心目中最安全的一栋楼。我代表网友向它敬礼，我们希望这栋楼永世长存，希望政通人和与人间“烟火气”充满每一个城市。

（发布于视频号：华红兵营销策划）

**【视频解析】**

**（1）痛点：诚信旅游的清流**

天下苦“宰客”久矣。观众对旅游城市中普遍存在的“宰客”现象深恶痛绝，而淄博的出现如同一股清流，它坚决拒绝“宰客”，坚守诚信服务，为旅游业树立了新的标杆。淄博的做法不仅是对城市文明建设的深刻思考与实践，更唤醒了我们对旅游服务质量的重新审视，让人们看到了一个更加真诚、可靠的城市形象。

**（2）亮点：政府亲民的生动写照**

在淄博那栋朴素而又充满底蕴的办公楼前发表演讲，这一举动本身便是一次深刻而真实的淄博之旅的缩影。透过淄博独特的烧烤文化，视频生动展现了当地政府积极响应民意、全力以赴支持家乡发展的景象。最直观地传递给每一位观众的是，淄博不仅拥有迷人的旅游风貌，更有着深厚的城市内涵和人文关怀。这种展示深深激发了观众对这座城市的浓厚兴趣，成为视频的一大亮点。

(3) 爆点：诗意对比引发共鸣

视频以“全网最美的办公楼”为标题，镜头却转向淄博市政府那栋看似“寒碜”的办公楼，两者形成的强烈对比让用户产生了巨大的认知落差。将视频推向高潮的是作者赋予这座办公楼“人间烟火”这一充满诗意的名字，不仅浪漫温馨，更巧妙地将淄博的烧烤文化及浓郁的城市底蕴融为一体。这一创举深深触动了观众的心弦，引发了他们对淄博这座城市的深切共鸣与高度认同。通过这种深入剖析，观众更加理解和认可淄博政府的努力，同时也提升了文案的深度和温度。

## （二）最富想象力的文案：上海绝对是中国的天花板

上海是中国的天花板。

上海有三个天花板。

第一，管理的天花板。很多城市都在亏损，但上海财政一直在赚钱。2024 年上半年，人家赚了 456 亿，管理得好，所以上海是城市管理的天花板。

第二，上海是中国女人的天花板。最受宠的女人就是上海女人，回家不用做饭，生了孩子不用带孩子，生男生女一个样，生女孩更受欢迎。所以上海女人代表了中国女人的骄傲和自信的天花板。

第三，上海的服务业、金融业、高端制造业，绝对是中国制造的天花板。你看上海历史上那么多精品名品，从来没担心过质量问题。只要说上海制造，就代表中国制造的天花板。百雀羚、回力牌球鞋、永久牌自行车、上海牌手表，全部都是上海的，那是代表中国制造的天花板。

三大天花板就在上海！

（发布于视频号：华红兵营销策划）

**【视频解析】**

**（1）痛点：城市管理效率的对比**

视频首先通过提出一个痛点——很多城市的经济都在滑坡，而上海却能实现财政盈余。这种鲜明的对比直接触动了观众对于城市管理效率和财政健康的关注。它不仅凸显了上海在城市管理上的卓越表现，更激发了观众对如何改善自己所在城市现状的深刻思考。通过这一对比，视频成功地引发了广泛的社会讨论，促使人们重新审视城市管理的重要性。

**（2）亮点：独立女性的形象塑造**

视频中的另一个重要亮点是将上海女性塑造成“最受宠的女人”。这种正面形象的塑造，不仅展现了上海女性的独立、自信与优雅，还吸引了大量观众的关注和共鸣。视频通过展示这些女性在职场和生活中的风采，树立了一个先进的城市形象，体现了上海作为国际大都市的独特魅力。这不仅是对上海女性的赞美，更是对这座城市包容性和多元性的肯定，彰显了其作为城市典范的地位。

### (3) 爆点：具象化的“天花板”比喻

视频巧妙地使用了“天花板”这一比喻，将上海在多个领域的领先地位具象化，既形象又生动。这种新颖的表达方式成了视频的爆点，使观众能够直观感受到上海在经济、文化、教育等多方面的卓越成就。通过这种方式，视频不仅传递了上海作为中国城市标杆的形象，还增强了观众的情感认同和自豪感。这一比喻不仅提升了内容的吸引力，也为其他城市树立了一个值得学习和借鉴的榜样。

## （三）最仗义的文案：今年“五一” 我就想去江西

最近有些关于江西的负面新闻，今年五一，我就想去江西。为什么呢？江西人用了全国1/17的土地就贡献了1/4的水稻。有人说江西没有特点，没有特点就是江西最大的特点。中国名山——庐山，在江西北部，它是中国第一座获得世界文化遗产的名山；再往南走就是中国第一大淡水湖鄱阳湖；江西往西走有武功山；往东走有世界遗产三清山。江西可是文化名省，两宋以来，江西的书院数量是全国之最，我们光听说过的，比如说湖南有岳麓书院，但你不知道的是被称为“海内第一书院”的是江西的白鹿洞书院，相当于今天的清华、北大。最厉害的有江西德安县的袁隆平爷爷。值得江西人骄傲的还有新中国第一批海防导弹、第一架超音速飞机、第一辆拖拉机、第一辆摩托车甚至是第一件羽绒服都来自江西。所以今年五一，我就想去江西。

（发布于视频号：华红兵解读营销）

## 【视频解析】

### （1）痛点：直击误解，引发共鸣

视频开篇便开门见山地指出，“最近有些关于江西的负面新闻”，直指江西被大众误解的痛点。这一开场迅速吸引了观众的注意力和好奇心，并巧妙暗示接下来将展示江西不为人知的另一面，为纠正这些偏见做了充分铺垫。通过这种方式，视频不仅抓住了观众的眼球，还激发了他们对了解江西真实面貌的兴趣。

### （2）亮点：多维度展现江西的魅力

视频第二句话锋一转，“今年五一，我就想去江西。为什么呢？”接下来详细列举了江西的几大优势。首先，江西自然资源丰富，拥有壮丽的山水景观；其次，文化底蕴深厚，承载着悠久的历史与传统；最后，现代科技贡献卓越，展现了与时俱进的发展态势。视频不仅提及了耳熟能详的名胜古迹和名人，更引入鲜为人知的冷知识——“白鹿洞书院”。这种亲切质朴的语言风格充满了感染力，不经意间展示了江西不仅历史悠久，而且充满活力与创新精神。这是视频最重要的一个亮点，使观众对江西有了全新的认识和感受。

### (3)爆点：华丽反转，重塑认知

从开篇提及负面新闻，到自然景观与文化底蕴的交相辉映，再到现代科技的卓越贡献，江西用一场华丽的反转，展现了其丰富而多元的风貌。这种反转不仅给观众带来惊喜和震撼，更激发了人们重新认识江西的强烈欲望。于是，视频标题呼应了观众的渴望："今年五一，就让我们一同走进江西，感受这片古老而又充满活力的土地所带来的惊喜与震撼吧！"通过这种强烈的对比和情感共鸣，视频成功地重塑了人们对江西的认知，引领观众踏上一段充满发现与感动的旅程。

## (四)最应景的文案：四川人为啥这么乐观?

抑郁症最好的解药是交一个四川的朋友。如果你不开心，你有两个办法：

第一个办法，是找心理医生。第二个办法，找一个四川人做朋友。四川的抑郁发生率很低，为什么呀？四川人的乐观是祖传的，其他地方出土文物，都是一脸严肃的样子，四川出土的文物，都是乐乐呵呵的；其他地方的车，相撞以后争吵不止，四川人撞了车，"石头剪刀布"来决定谁赔谁钱，然后扫码去吃个火锅，加个朋友。在四川，没有什么烦心事是一顿火锅解决不了的。如果有的话，那就吃两顿。别的地方下雨了是担心城市涝了，四川下雨了大家是去捞鱼，这就是四川人的乐观精神。四川这个地方，历史上发生过很多次泥石流、地震、洪涝灾害，它的人口在历史上经过了五次“大洗牌”，这五次“大洗牌”也注定带给了四川人面对抵抗苦难的良药，就是那神奇的“北纬30度的迷之快乐”。抑郁症最好的解药是什么？是交一个四川的朋友，喝一杯川酒，就能把自己的抑郁给解了。

（发布于视频号：华红兵品牌营销）

**【视频解析】**

**（1）痛点：轻松幽默中的深刻关切**

现代社会节奏快、压力大，抑郁症已成为日益普遍的心理健康问题。视频开头便以一句“抑郁症最好的解药是交一个四川的朋友”轻松登场。这种幽默风趣的表达方式，却四两拨千斤般直击“抑郁症”这一社会痛点。它不仅成功吸引了观众的注意力，更一语道破了四川人与生俱来的乐观精神。通过这种方式，视频巧妙地将严肃的话题变得易于接受，引发观众的共鸣和思考。

**（2）亮点：乐观精神与心理健康的新视角**

视频将四川人的乐观精神巧妙地与解决抑郁症相结合，以其独特的视角和深刻的洞察力，给观众提供了自然愉悦的解决方案。四川人对生活琐事的豁达与超脱，更透露出一种面对困难时的坚韧与乐观。在当今内卷文化的背景下，四川人的这种态度如同一股清流，成为视频的一大亮点。这种乐观精神不仅为人们带来了新的思维方式，也为解决心理健康问题提供了别具一格的路径。

### (3) 爆点：幽默背后的智慧与温暖

视频的爆点在于其幽默夸张的表述中蕴含着深刻的哲理与实用的人生建议。将四川人的乐观精神与解决抑郁症的方法紧密结合，为观众提供了一剂独特的“解药”。无论是喝一杯醇香的川酒，还是交一位乐观开朗的四川朋友，这些看似简单却充满智慧的建议，就像“北纬30度的迷之快乐”一样自然而然却又见素抱朴。这一爆点不仅让观众在欢笑中收获了心灵的慰藉，更在无形中传递了一种积极向上的生活态度，激励每一个人去拥抱更加美好的未来。通过这种巧妙的结合，视频不仅点燃了观众的情绪，还赋予了内容深远的意义和影响力。

## （五）最共情的文案：我要是春晚导演 收视率绝对爆棚

我要是当2025年的春晚导演，一定会让2025年的春晚成为经典。

我觉得应该有一个以爱国为主题的春晚。请刘德华先生先登场唱《中国人》：“手牵着手不分你我，昂首向前走，让世界知道我们都是中国人。”刘德华先生开场先点燃全国人民的热情。第二个我们应该让田震代表所有的女性演唱一首《铿锵玫瑰》，“风雨彩虹”展现中国女人的力量。中国男人由成龙来代表演唱《男儿当自强》。第四个应该请慈善大使韩红演唱《青藏高原》，唱出中国的高度。第五个应该由孙楠演唱《红旗飘飘》。过春节，我们就应该来一首正能量的正向的歌曲，因此我们要请张明敏演唱《我的中国心》。我记得张明敏的这首《我的中国心》是1985年演唱，到2025年的时候正好已经40年，你是否还有一颗中国心？第七个我们要请王菲来唱《我和我的祖国》。第八个我们要请刀郎演唱《十送红军》，刀郎把那种军民鱼水情浓浓的情感和悠扬而略带深情的旋律，唱出了潸然泪下的感觉。在最后2025年零点，应该是众星一起演唱《歌唱祖国》，“五星红旗迎风飘扬，胜利的歌声多么响亮”，我们带着满怀着希望迎接2025。

我要是导演，我就这么安排。你还有什么要加的节目吗？

（发布于视频号：华红兵谈品牌咨询）

## 【视频解析】

### （1）痛点：回应对“爱国主题”春晚的期待

视频围绕春晚展开讨论，通过列举“春晚九大节目”，有效回应了如何举办一场以爱国为主题的春晚。这条视频不仅打破了过去春晚节目的传统模式，还收获了大量观众的认同和点赞，激发了广大用户的爱国情怀。在当前社会背景下，观众对于能够传递正能量、弘扬爱国主义精神的文化作品有着强烈的期待，视频精准捕捉到了这一需求，为观众提供了一个全新的视角。

(2) 亮点：幽默与说服力并存

视频整体具有强大的说服力，但又不失幽默，平易近人。它通过展示各大明星及表演节目，直观地展示了爱国明星的艺术成就，证明举办一场以爱国为主题的春晚不仅是可行的，而且是充满意义的。视频巧妙结合了娱乐性和教育性，使观众在轻松愉快的氛围中感受到爱国主义的力量。这种平衡使内容既富有感染力，又令人信服，增强了观众对爱国主题春晚的认可和支持。

(3) 爆点：多维度展示引发共鸣

春晚作为全国观众都关注的热点话题，视频开头强调办一场以爱国为主题的春晚成为该视频的一大爆点，迅速吸引了观众的注意，并激发了他们的爱国心。视频从中国男性代表、女性代表、中国高度等多个维度，详细阐述了如何策划和实施爱国主题春晚。这种多维度的展示方式使内容更加丰富饱满，也为观众提供了更多的讨论点和兴趣点。通过这种方式，视频不仅提升了观众的兴趣，还为他们提供了一个思考和讨论的平台，进一步增强了内容的传播力和社会影响力。

## （六）最懂趋势的文案：我要是退了休 肯定投资种中草药

我要是退了休，我买块地，我只干中药材。我有一个农民朋友问我，他说："如果我有点钱，我投资种植，我应该投什么？"我说你投种中草药。正好赶上有人转让一批土地，你赶紧抢过来，种什么呢？种中药材。那你问我，可以种哪一种中药材，你网上查一查，符合你本地特色的中药材都能种。这是未来10年最好的一个投资领域，因为它能量很足，因为追求养生的人越来越多，这个需求越来越旺盛，而且人们越来越认为应该尽可能少上医院去看病，多到中医馆去养生。你说养生的需求是不是越来越旺盛？因为地道的中草药是恒定的、长远的、可持续的刚性需求，中药材这两年价格上涨，中国只要有中医，中医只要发展，那你种植中草药就一定有销路。

（发布于抖音：华红兵营销策划）

**【视频解析】**

**(1) 痛点：精准捕捉投资迷茫**

视频首先精准捕捉到了许多人在面对投资时的迷茫心理，尤其是一些人想涉足农业或相关领域，但不确定具体方向，担心市场波动风险，以及投资无法获得回报。视频开头便直接瞄准了这部分用户的痛点，提出了一个关键问题：如何在充满不确定性的市场中找到稳健的投资机会？这种直击心灵的开场迅速吸引了观众的注意力。

**(2) 亮点：明确且具前瞻性的投资建议**

视频给出了明确的投资建议——投资种植中药材。这一建议不仅符合当前健康养生的市场趋势，还具有一定的前瞻性和可操作性，成为本视频的最大亮点。视频详细解释了中药材的刚需性及其稳定的市场需求，为投资者提供了中药材交易市场、网络市场以及本地中药材公司的收购等多样化的销售渠道，有效降低了销售风险的顾虑。通过这种方式，视频不仅提供了实际可行的投资路径，还增强了投资者的信心和行动力。

(3) 爆点：中药材投资的黄金机遇

赚钱永远是能够抓住眼球的爆点。视频提到中药材价格近两年持续上涨，并随着人们对养生需求的增长以及国家对中医行业的大力支持，这一趋势预计将长期持续发展。中药材有望成为未来10年的最佳投资领域之一。视频虽然没有直接提及具体的成功案例，但通过描述有人转让土地、建议抢地种植中药材等情节，巧妙暗示了中药材种植领域的巨大潜力和机会。

### （七）最懂热点的文案：河南这三大宝 让中国骄傲

“河南究竟惹了谁”曾引发热议，其实河南是宝藏大省，理由有三个。

第一，备受国人喜欢的良心企业竟然多半都出自河南。吃白象方便面、做三全牌水饺、喝蜜雪冰城、逛胖东来超市、买莲花牌味精、炒菜用十三香，这些都是河南品牌，更是民族品牌。河南人正在变成中国的骄傲，国家的骄傲。

第二，河南人善良有爱心。河南是全国注册志愿者总数量排名第一的省份。

我再给你第三个理由，河南有“十三朝古都”洛阳，有“七朝古都”开封，四大发明有三个来自河南。而且河南有老子、墨子、韩非子、张衡、张良、张仲景、杜甫、韩愈等，他们都是河南人。

河南让中国文化更自信！

（发布于抖音：华红兵移动营销）

## 【视频解析】

### (1) 痛点：引发共鸣的社会关注度

视频首先精准地捕捉到了河南观众普遍面临的痛点——社会关注度不足。在全国各地的宣传中，河南常常被忽视，这一现象引发了河南观众对如何有效宣传家乡的强烈需求。通过直击这一痛点，视频迅速吸引了河南观众的共鸣与关注，并为接下来的内容做铺垫，激发了他们寻找解决方案的热情。

### (2) 亮点：揭示河南的“三宝”

视频首次总结并推介了河南的“三宝”，每一项都有其独特的亮点。

河南品牌：作为民族品牌的代表，这些品牌不仅承载着地方特色，还体现了中国传统文化的精髓。

河南人的爱心：河南人民的善良和互助精神，在多次重大事件中得到了充分体现，展现了中原儿女的大爱无疆。

深厚的文化底蕴：河南拥有丰富的历史文化遗产，从古老的文明遗址到现代的艺术创作，这些宝藏往往被埋没在互联网中，不为大众所熟知。

通过揭示这些被忽视的信息，视频不仅丰富了内容，还增强了观众对河南的认知和认同，成为一大亮点。

**(3) 爆点：河南是宝藏大省**

视频提到“河南是宝藏大省”，这一表述立即吸引了观众的注意力，激发了强烈的好奇心和探究欲。这个标题不仅简洁有力，还巧妙地概括了河南丰富的自然和人文资源。视频随后还通过具体实例和生动的描述，进一步展示了河南在多个领域的独特魅力，让观众对这片土地有了全新的认识。这种强烈的对比和反转，不仅提升了视频的吸引力，还激发了观众对河南更深层次的了解和探索欲望。

### （八）最解风情的文案：为什么要娶山东女孩做媳妇

为什么要娶山东女孩做媳妇？

第一，山东女孩美，如果说四川、重庆的女孩子皮肤美，那么山东的女孩美在轮廓上，人家天生都不用去医院做美容，人家一生下来就是美人坯子。

第二，山东女孩她身高，全国平均身高第一名，达到一米七，基因好。

第三，山东女孩特别独立豪爽，你比如说别的女孩谈恋爱的时候：“亲爱的，你能帮我一下吗？”山东女孩谈恋爱的时候：“得，我行，你闪开。”对于山东女孩来说，没有拧不开的瓶盖，别说瓶盖了，消防栓都能给你拧开。没有吃不下去的饭，大包子、大馒头、大饼，这就是山东女孩，端庄实在不做作，能吃能喝，而且性格开朗。更重要的是在家是贤惠的妻子，出了门那都能独当一面。山东出了很多皇后，所以山东的女孩几千年来都值得信赖。

（发布于视频号：华红兵讲策划）

**【视频解析】**

**(1) 痛点：打破认知偏差，激发地域自豪感**

视频通过列举山东女孩的几大优点，有效回应了外界对山东地区可能存在的一些认知偏差或忽视。这种信息不对称不仅影响了山东的形象，也限制了外界对其真实魅力的认知。视频旨在打破这种误解，因此收获了大量山东观众的认同和点赞，激发了他们对地域文化的自豪感。通过这种方式，视频不仅提升了山东的形象，还为观众提供了一个重新认识这片土地及其人民的机会。

**(2) 亮点：贤惠与独立并存的完美形象**

视频生动地描述了山东女孩“在家是贤惠的妻子，出了门那都能独当一面”的双重形象特征，触动了观众对于理想女性和完美伴侣的共鸣。这一形象不仅展现了山东女孩在家庭中的温柔体贴，还突出了她们在社会上的独立和坚强。通过这样的描述，视频巧妙解释了为什么娶媳妇要娶山东女孩，使观众在欣赏的同时产生深深的认同感和情感共鸣。

### (3) 爆点：千年的信赖与美好向往

视频提出了“山东的女孩几千年来都值得信赖”这一简洁明了的行动号召，直击观众内心深处对山东女孩的喜爱之情。这句话不仅是对山东女性优秀品质的高度概括，也唤起了观众对山东的向往。视频成功地让山东人直呼：“原来山东这么美好！”增强了本地人的自豪感，同时也吸引了更多人关注和了解山东的独特魅力。这种表达方式，不仅提升了视频的传播力，还传递了一种积极向上的生活态度，激励着每一个人去拥抱更加美好的未来。

## （九）最有意境的文案：取名字还得看甘肃

中国最会取名字的省份是哪一个省？你可能想不到，是甘肃，你看人家取的名字，真是把中国的汉字发挥到极致了。为了彰显大汉的军威，所以有个地方叫武威。张掖是取自国之臂腋，以通西域，大汉张开了整个手臂，所以叫张掖。酒泉是城下有泉，霍去病把美酒倒到泉水里，与将士们共饮，所以叫酒泉。敦煌，“敦”是大的意思，“煌”是盛的意思，彰显了大汉的威严。“君不见，黄河之水天上来，奔流到海不复回”，而天河注水，变成了今天的天水，各位听说过天水的麻辣烫吗？“劝君更尽一杯酒，西出阳关无故人”，那个地方叫阳关。“羌笛何须怨杨柳，春风不度玉门关”，有一个城市叫玉门。甘肃这个名字怎么来的，你知道吗？唐代张掖那个地方叫甘州，酒泉那个地方叫肃州，张掖和酒泉，合在一起就叫甘肃。原来甘肃才是中国最懂诗歌的省份。

（发布于抖音：华红兵移动营销）

**【视频解析】**

**(1) 痛点：激发好奇，重塑文化自信**

视频开头通过“你可能想不到是甘肃”和“甘肃这个名字怎么来的，你知道吗?”迅速激起了观众的好奇心，促使他们想要了解更多关于甘肃地名的故事及其背后的文化。这是本文案要解决的第一大痛点。长久以来，由于经济欠发达，甘肃并未引起人们的过多关注，但视频从诗情画意的地名讲起，展现了这个文化底蕴深厚的省份令人神往的一面。甘肃人借此机会解开了百年来的抑郁之气，增强了文化自信；同时，也触动了观众对中华文化的深厚感情和认同感，这是本文案解决的第二大痛点。基于以上两大痛点，无论是不是甘肃人，观众都会忍不住纷纷转发、点赞视频。

**(2) 亮点：历史与现代的完美融合**

视频的第一个亮点在于通过讲解武威、张掖、酒泉、敦煌等地名的由来，展示了甘肃丰富的历史底蕴和文化内涵，让观众感受到中华文明的博大精深。这些故事虽然观众可能有所耳闻，但未必深入了解，这种“半熟不熟”的状态促使他们在观看过程中不断思考、提问和分享，增强了视频的互动性和传播效果。

视频的第二个亮点则是运用生动形象的语言表述，如“大汉张开了整个手臂，所以叫张掖”，“‘敦’是大的意思，‘煌’是盛的意思，彰显了大汉的威严”，使地名背后的故事更加鲜活有趣。视频在介绍地名由来时，还巧妙融入了现代元素，例如，提到“天水的麻辣烫”，使内容更加贴近现代观众的生活体验和审美情趣，进一步提升了观看的乐趣和共鸣。

### (3) 爆点：话题性与争议性的完美结合

选择“中国最会取名字的省份”作为标题和切入点，本身就具有极强的话题性和争议性，能够迅速吸引观众的注意力。甘肃作为一个拥有独特地域文化的省份，其地名的由来和背后的故事本身便是一大爆点。文案通过深入挖掘和生动呈现这些故事，成功吸引了观众的眼球，并引发了广泛的讨论和分享。这一策略不仅提升了视频的曝光率，还为甘肃的文化推广提供了强有力的支撑，让更多人重新认识并欣赏这片土地的独特魅力。

## （十）最具底蕴的文案：中国的黄酒 才是真正的国酒

中国的国酒是什么？我觉得是黄酒。今天大年初四，您喝什么酒？我建议您尝一尝黄酒。

为什么？黄酒在历史上曾经是药引子，那是真正属于中国自己的酒。葡萄酒、威士忌都是西方人自己酿造的酒。就连中国的白酒都是四大烧酒之一，我们都不敢说中国白酒是世界第一，但是黄酒却只有中国有。

黄酒源于哪里呢？黄酒跟一个城市密切相关，就是绍兴。

为什么绍兴产的黄酒才是真正意义的好黄酒？四个原因，其他地方不具备这个条件，所以产不出这么优质的黄酒。

第一，它必须用太湖的糯米。太湖的糯米特别适合酿酒，而且他们的酿酒叫“冬酿”，就在每年的10月到翌年的3月，就好像黄酒那个原料，要先用糯米来冬眠一样。

第二，它要用麦曲。在整个黄酒的制造过程中，麦曲的用量达16%以上。你知道麦曲有什么作用吗？它会让整个酒变得有香味，而且小麦里面含有蛋白质，可分解成氨基酸，这就是我们经常闻到的曲香。一打开黄酒坛子，漏出来的曲香实际上就是麦曲。

第三，酒母。你知道酒母简单来说就是发酵用的这个酵母菌。

第四，鉴湖水。鉴湖水跟别的水不一样，鉴湖水是砂岩石过滤后的水，所以它带有天然的矿物成分，矿物质含量非常高。这些矿物质和酵母的融合，再加上冬眠和麦曲的作用，使中国绍兴的黄酒成为世界一绝。

每到冬天，冬酿的黄酒特别适合温补，所以我觉得黄酒真的是应该发扬起来。由于卖葡萄酒和白酒的进攻，搞得黄酒抬不起头来。

其实黄酒才是真正意义上的国酒，为中国国酒点赞。

（发布于视频号：华红兵讲品牌）

## 【视频解析】

### (1) 痛点：唤醒酒文化的自豪感

这条视频通过列举黄酒丰富的历史文化，讲述其精妙的制作工艺，直击了现代人对传统酒文化缺失的痛点。在快节奏的现代生活中，许多人逐渐疏远了古老的酒文化。视频不仅填补了这一认知空白，还激发了绍兴人对自己独特文化遗产的自豪与自信。视频通过对黄酒历史和工艺的深入探讨，唤起了观众对传统文化的重新认识和珍视。

### (2) 亮点：全方位展示黄酒的魅力

视频内容丰富且层次分明，从中外名酒对比到黄酒的历史溯源，再到详细解释黄酒酿造工艺及各种成分的作用，最后阐述黄酒对人体的功效，全方位展示了绍兴黄酒的文化底蕴。这种多层次的内容编排，使观众能够在短时间内领略到黄酒文化的博大精深。无论是对黄酒有初步了解的新手，还是有深入了解的“老饕”，都能从中获得新的认知和启发。视频通过这种方式，不仅增强了信息的深度，也提升了观众观看的乐趣和共鸣感。

(3) 爆点：情感共鸣与文化归属

视频通过“黄酒是属于中国人自己的酒”“中国黄酒却只有中国有”等表述，触动了观众的情感共鸣，增强了他们对绍兴黄酒乃至整个中华文化的归属感和自豪感。结尾部分更以一句“黄酒才是真正意义上的国酒”，将观众的情感升华到对国家文化的自豪和自信，增加了视频的共情度和感染力。这种强烈的民族认同感和文化自信，不仅提升了视频的传播效果，还让观众更加深刻地认识到黄酒作为中华文化瑰宝的独特地位。

# 出版后记

在互联网技术日新月异的推动下，短视频迅速崛起，成为人们获取信息、娱乐消遣及商业推广不可或缺的重要平台。在这个信息爆炸的时代，如何从海量内容中脱颖而出，成为每一个新媒体从业者和企业营销团队亟待解决的问题。面对这一需求，研究出版社携手移动营销学科创始人、著名品牌营销策划专家华红兵先生，共同推出了这部凝聚智慧与经验的作品——《流量大师：短视频流量密码》。

华红兵先生是业界公认的权威人物，拥有34年的品牌和营销领域深耕经验，积累了丰富的理论知识与实战经验。他不仅在中国乃至全球范围内享有盛誉，还凭借其卓越的专业能力，成功辅导了60多家中国上市公司和160家行业冠军企业，并带领团队服务超过3000家企业，缔造了无数商业传奇。此外，他在学术上的贡献同样显著，目前已出版20多部专著，其中《移动营销管理》的英文版被美国顶尖商学院教授推荐使用，彰显了他在国际学术界的地位。

进入移动互联网时代以来，华红兵始终走在行业的最前沿，不断探索新的营销模式和技术手段。在短视频领域，他的成就尤为突出——仅用一年时间便实现了从零到2500万粉丝量的惊人突破，成为知识付费领域的“流量王”。这不仅是对短视频创作底层逻辑、内容创意方法、文案创作技巧、运营规律以及裂变策略深刻理解的结果，更是精准把握市场脉搏的有力证明。

《流量大师：短视频流量密码》一书中，华红兵毫无保留地分享了自己的宝贵经验和专业知识。他通过拆解自己的爆款短视频，详细解读了短视频创作的核心要素，如识别痛点刚需、提升用户黏性、创意与运营策略、实现裂变传播等，为短视频创作者提供了宝贵的指导。

本书旨在为广大读者提供深入了解短视频流量运作机制的机会，帮助他们在瞬息万变的数字世界中抓住机遇，实现个人或品牌的快速成长。它不仅是新媒体时代的“指南针”，更为追求成功的每一个人指引方向。书中既有理论层面的探讨，也有实践总结的真知灼见，连接了理论与实践之间的桥梁。

我们相信，《流量大师：短视频流量密码》将成为每一位渴望掌握短视频流量密码者的必备读物，引领他们走向更加辉煌的未来。

此外，本书还强调了持续学习和适应变化的重要性。华红兵指出，成功不仅在于掌握现有规则，更在于预见未来的趋势并提前做好准备。因此，《流量大师：短视频流量密码》是一本实用性很强的短视频教科书。它教导读者如何在快速发展的行业中保持竞争力，学会运用最新的工具和技术，创造能吸引人的内容，建立忠实的用户群体，最终达成商业目标。

作为出版方，我们希望《流量大师：短视频流量密码》能够激发更多人投身于短视频创作和营销的浪潮之中，共同探索这个充满无限可能的新领域。正如华红兵所说："每个伟大的故事都始于一个简单的想法。"让我们一起开启这段激动人心的旅程，书写属于自己的成功篇章。

《案例分享：短视频赋能古越龙山品牌营销》是《流量大师：短视频流量密码》一书送给企业短视频营销团队的一份特殊礼物。

在当今数字化营销时代，短视频已成为企业品牌宣传的利器。通过精准定位与创意内容，短视频能够迅速吸引目标受众，增强品牌的曝光率和记忆点。其互动性强的特点不仅促进了用户与品牌之间的深度交流，还极大地提升了用户的参与感和忠诚度。此外，借助大数据分析，企业通过短视频的运营和裂变，能更精准地了解消费者偏好，优化营销策略，实现高效转化。

《案例分享：短视频赋能古越龙山品牌营销》将分享华红兵团队为浙江古越龙山绍兴酒股份有限公司进行企业短视频系统运营和企业内训的过程。通过运营和裂变两个篇章，详细拆解如何通过短视频为企业的品牌推广、人才培训、销售业绩增长赋能。

希望有更多的企业收到这份特殊的礼物，并从中获益。

# 运营篇

企业短视频运营将为品牌带来了前所未有的机遇，成为塑造品牌形象、传递品牌价值不可或缺的手段。通过细致的运营规划，我们能够确保每个品牌故事都能找到属于自己的那一抹彩虹，照亮用户的心灵，赢得用户长久的信任。

## 七色彩虹，诠释运营精髓

我们将短视频运营的核心理念提炼为“七色原理”，正如阳光分解后呈现的赤、橙、黄、绿、青、蓝、紫七种颜色，每一色都蕴含独特的情感价值与品牌特质。

**赤色：**热情如火，象征品牌的执着追求和炽热激情。

**橙色：**温暖人心，传递品牌的亲和形象和人文关怀。

**黄色：**明快愉悦，展现品牌的乐观精神与无限创意。

**绿色：**生机勃勃，体现品牌的可持续发展与自然和谐共生。

**青色：**清新脱俗，彰显品牌的独特魅力与高雅品位。

**蓝色：**深邃安宁，反映品牌的稳定可靠及智慧内涵。

**紫色：**神秘高贵，表达品牌的尊贵地位与艺术气息。

短视频的专业运营是连接优质内容与广大用户的桥梁，对短视频的成功起着不可或缺的作用。运营作为连接创作者与观众的桥梁，是确保内容价值得以最大化展现的关键。一个精心设计的运营方案，不仅能提升视频的曝光率，还能增强用户黏性，促进品牌忠诚度的建立。

## 案例解析

### 用短视频讲述中国品牌故事：古越龙山的辉煌篇章

在中国这片广袤的土地上，每一座城市、每一个产业、每一个品牌都承载着独特的故事。如今，短视频已成为新质生产力的一个重要支点，它不仅改变了信息传播的方式，更为品牌赋予了新的生命力。以绍兴为例，通过短视频的力量，我们深入挖掘黄酒这一古老而珍贵的产业，为古越龙山这个历史悠久的品牌注入新的活力。

## 弘扬绍兴精神，收获 15.8 亿流量

围绕“感谢绍兴”和“绍兴三大名片”等话题，我们成功展现了绍兴的精神风貌，吸引超过 5.8 亿次观看。随后，进一步聚焦“黄酒是国酒”与“黄酒是药引”的讨论，揭示了黄酒背后不为人知的历史、文化、健康价值，赢得了 5 亿流量。最后，以“人生无高低，未来靠拼搏”为话题，推广古越龙山，鼓励人们积极向上，再次获得了 5 亿次点击。这些努力共同构成了一个惊人的 15.8 亿流量奇迹，证明了短视频在品牌推广中的巨大潜力。

## 浙江古越龙山：中国黄酒的领航者

浙江古越龙山是中国黄酒行业的翘楚，拥有庞大的生产规模，并集经营与出口于一体。公司会聚了众多国家级评酒大师，年产量高达 11 万吨，拥有强大的酿造实力。旗下知名品牌如“古越龙山”“沈永和”“状元红”“鉴湖”及“女儿红”，均被评为中国首批原产地域保护产品，彰显了深厚的文化底蕴与卓越品质。“古越龙山”更独步黄酒界，荣获“中国名牌”与“中国驰名商标”双重荣誉，品牌影响力显著。

## 短视频营销：开启品牌新篇章

我们为绍兴古越龙山量身定制了一套短视频营销方案，巧妙运用了短视频运营的“七色原理”，深入探索品牌的多彩文化，开启了品牌短视频的大爆发。通过精心策划的内容，不仅提升了品牌的知名度，还加深了消费者对黄酒文化的理解与热爱。每一次播放、每一声赞叹，都是对我们工作的肯定，也是对中国传统文化的一次美好传承。

在这个短视频时代，古越龙山不仅是一个品牌，更是连接过去与未来的桥梁，通过一个个生动的故事，向世界展示中国黄酒的独特魅力。

# 案例复盘

## 预热阶段：融入绍兴

绍兴、绍兴黄酒与古越龙山黄酒，三者相辅相成，构成了一个紧密相连的利益共同体。城市的繁荣与发展是驱动各行各业兴盛的引擎，而行业的蓬勃发展则显著提升了城市的品牌形象与影响力。

本环节对应短视频运营七色原理中的“赤色”，旨在展现绍兴作为文化古城的赤诚之心。这一维度深入挖掘绍兴深厚的历史文化底蕴，通过一系列精心策划的活动与传播，让世人见证这座城市对传统文化的坚守与传承，以及在新时代背景下对创新发展的不懈追求。“赤色”象征着热情、忠诚与无畏，这与绍兴的历史形象相符合。自古以来，绍兴便是文人墨客竞相吟咏之地，其深厚的文化底蕴孕育了无数忠贞不渝的历史人物和感人至深的故事。

预热阶段一共录制了16条素材，选题包括：

- 因为一壶酒 爱上一座城
- 绍兴胆剑精神
- 哪个城市称得上中国脊梁？

## 主题视频：因为一壶酒 爱上一座城

我来绍兴，只为了宣传一座城。

尽管我满身疲惫，但你能看到我的斗志昂扬；尽管我没有身着西装革履，但你也能看到我的用心良苦。宣传一座城市是一件很有功德的事，绍兴也值得我们去宣传。

绍兴这个地方是酒乡、桥乡也是水乡。更重要的是，绍兴的文化底蕴非常深厚。有明确记载的绍兴建城史就有2500年，而绍兴酒的历史已经有7000年了。也就是说7000年前，绍兴人就酿造出世界三大古酒之一的“中国黄酒”。

今天绍兴黄酒已经成了中国黄酒的骄傲。绍兴黄酒的历史传承了整整2500年，从未间断。绍兴这座城市，为我们中国保留了中国黄酒的这块瑰宝。即便我长途跋涉，满身疲惫，也要去推广绍兴，推广绍兴酒，去推广古越龙山？因为绍兴值得我们每个人推广，让我们一起为绍兴加油，为这个文化古城加油！

## 第一天：探访黄酒产业

绍兴，这座历史悠久的古城，孕育了一项举世闻名的产业——绍兴黄酒。尽管中国在酿酒界占据着举足轻重的地位，但绍兴黄酒在行业外却鲜为人知，犹如深巷中的佳酿，未能广泛触达更多人的心灵。

随着一场精心策划的短视频营销活动盛大启幕，我们的团队踏上了探索黄酒产业的非凡之旅，深入那弥漫着醇厚酒香的古老酒窖，精心录制了18条引人入胜的视频素材。这些视频涵盖了多个扣人心弦的主题，如“世界黄酒看中国，中国黄酒看绍兴”“谁是普天之下造酒最老实的人”“为什么说真正的国酒是黄酒”“这个时代最缺什么”等。每一条视频都如磁石般吸引了海量关注，瞬间在网络上掀起了黄酒热潮，让绍兴黄酒的醇香跨越界限，飘香四海。

## 第一天主题：中国黄酒看绍兴

此次一共录制了 18 条素材，选题包括：

- 世界黄酒看中国，中国黄酒看绍兴
- 谁是普天之下造酒最老实的人？
- 为什么说真正的国酒是黄酒？

## 主题视频：为什么说真正的国酒是黄酒？

中国的国酒是什么？我觉得是黄酒。在历史上，黄酒就是中药里非常重要的药引子，是真正属于中国人自己的酒。

黄酒和中国的一个城市密切相关，它就是绍兴。绍兴产的黄酒，才是真正意义上的好黄酒。为什么绍兴生产的黄酒品质高？因为要想酿造真正的好黄酒，必须具备四个条件：

第一，好黄酒必须用太湖的糯米酿造。太湖的糯米特别适合酿酒。绍兴酿造黄酒的过程叫“冬酿”，其酿造过程遵循着特定的季节规律，关键的酿酒步骤在冬季进行。从每年 10 月到来年 3 月份，糯米作为黄酒的原料，好像经历了一个冬眠的过程。

第二，好黄酒要用麦曲。在整个绍兴黄酒的制造过程中，麦曲用量高达 16% 以上。你知道麦曲有什么作用吗？它会让黄酒变得有香味。小麦里含有蛋白质分解成的氨基酸，就是我们经常闻到的曲香。

第三，特殊的酒母。绍兴黄酒的酿造过程中使用了一种特别的发酵剂，称为“酒母”，在行业内也被称为“麦曲”或“小曲”。绍兴黄酒的酿造主要依赖于两种关键成分：麦曲和酒药。在实际酿造过程中，会先制作麦曲和酒药，然后将其与蒸煮过的糯米混合，进行发酵。这种传统的发酵方式赋予了绍兴黄酒独特的风味和香气。

第四，绍兴黄酒用鉴湖水酿造。鉴湖水跟别的水不同，它是砂岩石过滤后的水，矿物质含量非常高。这些矿物质和酵母融合，再加上麦曲的作用，使中国的绍兴黄酒，变成世界一绝。

黄酒含有多种对人体有益的成分，如氨基酸、微量元素等。相比高度数的白酒，黄酒的酒精度较低，更适宜日常饮用。冬酿的绍兴黄酒尤其适合人们在冬季温补。我觉得黄酒才是真正意义上的国酒，应该得到大力推广。

## 第二天：深挖城市底蕴

本环节对应的是短视频运营七色原理中的“橙色”。橙色不仅象征着活力与温暖，更寓意着绍兴这座古城从古至今绵延不绝的生命力。这种生命力的核心，正是绍兴深厚的文化积淀，它为古城及其孕育的品牌提供了不竭的滋养与支撑。

将橙色与绍兴的文化积淀相融合，我们可以看到，橙色所代表的活力与温暖，正是绍兴这座城市及其品牌生命力的生动写照。绍兴的文化积淀如同橙色的光芒，照亮了这座城市的历史与未来，为品牌的成长与发展提供了坚实的支撑。通过外景录制，我们不仅能够直观地感受到绍兴这座城市的文化魅力，更能够深刻理解品牌与城市文化之间的紧密联系与相互依存。

### 第二天主题：一座绍兴城 半部中国史

此次一共录制了 17 条素材，选题包括：

- 一座绍兴城 半部中国史
- 爱国货不需要理由
- 国货配国酒 把古老黄酒发扬光大

### 主题视频：一座绍兴城 半部中国史

5000 年以前的历史，我们看河南；2000 年以前的历史，我们去长安；600 年以前的历史，我们访北京；但是，如果把这所有的历史串在一起，只有一个城市能承担 2500 年的中华文明史，那就是绍兴。

那整个 5000 年文明史中，是谁源源不断地、涓涓细流地记录着历史呢？是绍兴黄酒。卧薪尝胆的越王勾践，曾经把美酒倒入河中，让全军共饮，军民振奋，最终打败了吴国。

你们知道王羲之吗？王羲之晚年居住在绍兴，每天喝酒，借着酒兴写下了著名的《兰亭集序》。知道陆游吗？他与原配唐婉意外相遇后，感慨万千，乘着喝了黄酒的酒兴，写下了著名的《钗头凤•红酥手》："红酥手，黄縢酒，满城春色宫墙柳。"有300多位唐代的文人墨客都来过绍兴，他们在这里写出了很多优美的唐诗。李白的诗作《梦游天姥吟留别》就完成于绍兴。

还一位酒量很好的名人——唐朝诗人贺知章，也曾来过绍兴。据说他与李白相见恨晚，两个人每天喝着黄酒对诗。绍兴到现在还有一条"唐诗之路"，就是一条记录唐代诗人频繁往来、留下众多诗篇的文化线路。各位都知道，蔡元培每顿饭都喝绍兴黄酒。鲁迅也是啊，他的家乡就在这，从小就爱喝黄酒。

绍兴黄酒记录了2500年的历史，这哪里是一款普通的酒啊，这分明就是一种中华文化的灵魂，是老祖先留下的、属于中国人自己的酒。如果你是绍兴人，如果你是浙江人，如果你喝过黄酒，如果你读过鲁迅的书，如果你看过陆游的诗，如果你从小都记得卧薪尝胆的故事，那你就一定会爱上绍兴黄酒，你觉得呢？

# 第三天：讲述品牌故事

本环节对应短视频运营七色原理中的“黄色”。黄色作为崇高与尊贵的象征，与绍兴黄酒的尊贵品质十分契合。黄酒作为绍兴的瑰宝，其酿造历史悠久，文化底蕴深厚，自古以来便是皇室贵族与文人墨客竞相追捧的佳酿。团队在此维度上巧妙地聚焦于绍兴黄酒背后的故事与深厚文化，团队录制的 16 条素材，将黄色与绍兴黄酒的文化内涵紧密融合，展现了黄酒在传统文化中的独特韵味。

团队巧妙地将黄色与 16 条素材内容相融合，展现了黄酒在传统文化中的独特地位与象征意义。这种融合不仅提升了绍兴黄酒的品牌形象，更促进了传统文化的传承与发展。

## 第三天主题：“女儿红”的故事

此次一共录制了 16 条素材，选题包括：

- 妈妈给女儿的婚姻课——女儿红
- 挖掘女儿红品牌背后的故事
- 父母的爱藏在酒里——婚宴标配酒

## 主题视频：妈妈给女儿的婚姻课——女儿红

今天的离婚率为什么这么高？我觉得最主要是从初中、

高中到大学，没有任何一位老师给大家上婚姻课，怎么谈恋爱，怎么结婚？如何经营婚姻？难道这需要上课吗？当然需要。

我给你推荐一本书，这本书就藏在珍藏了18年的绍兴黄酒——“女儿红”里。据说绍兴当地的家庭生了女儿以后，会在桂花树下埋上一坛黄酒，放上18年，等女儿出嫁时作为嫁妆送出去，这款酒被称为“女儿红”。这款酒本身就有六个味道，酸、甜、苦、辛、鲜、涩。这其实就是妈妈给女儿上的一堂婚姻课，她告诉女儿，从此以后开始的婚姻生活，可不像谈恋爱那么简单。

女儿红的六种味道，就象征着生活的各种滋味，妈妈送给你的一堂婚姻课就藏在装满“女儿红”的酒坛子里。我们既要接受生活的馈赠，也要接受生活的所有不完美，坦然过好每一天，这才是真正的婚姻 。

女儿红是一种哲学，一坛一坛的酒，深藏着中国父母爱的哲学。

## 第四天：呈现历史底蕴

本环节对应的是短视频运营七色原理中的“青色”。青色代表古朴和庄重，象征着东方的神秘与深邃。在这一维度中，团队全力追溯绍兴黄酒文化的源头，成为解读这一古老而珍贵的文化遗产的最佳象征。青色不仅寓意东方的深邃与智慧，还巧妙地呼应了绍兴黄酒的历史底蕴。通过这一维度的努力，团队旨在让观众深刻了解黄酒的独特魅力及其背后深厚的文化积淀。

通过对青色的诠释，团队不仅展示了绍兴黄酒的非凡品质，更传递了其背后深厚的东方文化底蕴。青色所蕴含的古朴与庄重，完美契合了黄酒文化的精髓，使观众在欣赏视频的同时，也能从中获得对传统文化的深刻理解。

## 第四天主题：正本清源

此次一共录制了 11 条素材，选题包括：

- 中国黄酒是日本清酒的祖宗
- 为什么中国的黄酒这么神奇？
- 鉴湖酒坊才是真正的大自然搬运工

## 主题视频：中国黄酒是日本清酒的祖宗

日本人常说清酒是神的恩赐。清酒哪里是神的恩赐，它是中国人的恩赐好吗？

日本压根儿不产黄酒。日本的酒最早是口嚼酒，就是找小女孩，把那米放在嘴里，嘎叽嘎叽地嚼，嚼完后吐到碗里发酵。因为这种方法酿出来的酒很浑浊，所以这种酒被叫做浊酒。当时日本人喝这种酒时，还觉得挺美，我想这是因为他们压根儿没有见过好东西。

直到公元 7 世纪，中国用曲酿造出真正的黄酒。这种酿酒技术后来经朝鲜传到日本，他们借鉴了中国黄酒的酿酒方法，才有了今天的日本清酒。因为日本清酒太好喝了，日本人经常说清酒是神的恩赐，其实那是中国人的恩赐。虽然酿酒工艺相似，但一方水土养一方人，绍兴黄酒只能在绍兴，用鉴湖水、糯米和小麦酿造。

日本人想喝黄酒，只能从中国进口，进口古越龙山的“状元红”。到了夏天，加点冰块，再加点柠檬，它能带给你比轩尼诗、人头马还清爽的感觉。

## 第五天：崇尚健康自然

在我们探讨短视频运营的七色原理时，“绿色”这一色彩占据了尤为特殊的位置。绿色，作为大自然的象征，承载着健康与纯净的美好寓意，在这里它成为连接绍兴黄酒文化与食品安全主题的重要桥梁。它不仅代表着生机盎然的自然景观，更传达出一种对健康、安全食品的追求和承诺。

绿色文化与绍兴黄酒的自然酿造哲学相得益彰，彼此间存在着深刻的关联。作为中国传统名酒之一，绍兴黄酒以其独特的酿造工艺闻名遐迩，这一过程不仅讲究天时、地利、人和，还特别重视水源的选择。鉴湖，这片水质纯净且甘洌的水域，为绍兴黄酒的酿造提供了无可比拟的自然条件。

当我们品味一杯正宗的绍兴黄酒时，实际上是在享受一段连接古今的文化旅程——它既是对历史的见证，也是对未来可持续发展理念的践行。在这里，绿色文化不仅仅是背景或装饰，还是融入每一口醇香之中，成了一种生活方式的象征。

## 第五天主题：健康的选择

此次一共录制了 10 条素材，选题包括：

- 原来喝黄酒才是真正的健康选择
- 健康的七个良方
- 我们要对不安全食品敢于亮剑

## 主题视频：原来喝黄酒才是真正的健康选择

如果你有机会喝上一款好黄酒——只此青玉，就会知道，原来喝黄酒才是真正的健康选择。

为什么？因为我们中国人素食吃得多，体性偏寒，不像外国人以肉食为主，体性是暖的。外国人经常喝冰水，即使在冬天也常喝凉水，但身体也没事儿。中国人的肠胃就不行，到哪儿都需要喝温水。所以 中国人需要一种与自身体质相匹配的酒，这就是绍兴黄酒。

绍兴黄酒需要温着喝，当你把黄酒加热到和人的体温一样的37度时，黄酒的香气和营养成分都保持得恰到好处，酒的口感和与身体的融合都是最佳状态。

您要想多活五年，就喝咱们中国人自己酿造的绍兴黄酒！

## 第六天：浓缩集体智慧

本环节对应的是短视频运营七色原理中的“蓝色”。蓝色象征着信任与可靠、忠诚与纯洁，这些品质与“有温度的酒”这一主题紧密相连，共同构成了本次活动的核心精神。蓝色不仅是天空和海洋的颜色，更代表着深度、广度以及对品质的追求。通过全员创意和众创的方式，我们的团队不仅激发了内容的强大爆发力，还成功地将蓝色所代表的信任与忠诚融入每一个视频片段。

蓝色文化强调团队合作的重要性，鼓励成员们从不同角度出发，以创新思维来诠释同一个主题。7个小组分别从各自独特的视角切入，用不同的故事讲述方式，为观众呈现出多维度、全方位的绍兴黄酒形象。在这个过程中，蓝色文化不仅仅是背景或装饰，更是活动的灵魂所在。它提醒着我们，在追求卓越的过程中，始终不忘保持真诚与可靠的态度，用最真挚的情感去打动每一个人。

## 第六天主题：丰富的内涵

此次一共录制了 16 条素材，选题包括：

- 这是一款能够改运的酒
- 今天的“00 后”为什么特别容易生病
- 到了绍兴别忘了喝古越龙山

## 主题视频：这是一款能够改运的酒

如果你哀叹自己时运不济、命运不好，那就来绍兴走走吧。

绍兴这地方有个人，很值得你学习，他就是越王勾践。大约 2500 年前，他是越国的君主，不幸被吴王夫差击败并俘虏，受尽屈辱。在这段艰难时期，他与忠臣范蠡一起作为奴仆生活。当他们最终得以回国时，来到了古越龙山，在这里，勾践开始了他的“卧薪尝胆”生涯，每日饭前品尝苦胆，以铭记那段痛苦和屈辱的时光，激励自己奋发图强，最终“三千越甲可吞吴”，复仇成功。据说越王激励将士的酒就是绍兴黄酒，“古越龙山”的品牌名也由此而来。

各位知道吗？古越龙山这款黄酒其实就是一款改运的酒。你看越王勾践就是靠着这坛酒激励大家，最后卧薪尝胆，反败为胜。当你特别失意、特别难过的时候，不妨喝一

杯古越龙山去 感受一下，2500 年以前，人家怎么能够从那么惨的低谷最后反败为胜，别人卧薪尝胆，你就尝尝古越龙山吧。

## 第七天：聚焦重点产品

本环节对应的是短视频运营七色原理中的“紫色”。我们选择紫色作为代表权威与高贵的象征，旨在通过这一色彩彰显古越龙山明星产品“只此青玉”在黄酒界的非凡地位。紫色不仅与“只此青玉”的高端定位相得益彰，更巧妙地融合了绍兴黄酒深厚的文化底蕴和独特的品牌价值。

绍兴精神蕴含着艰苦奋斗、开拓创新、与时俱进、奋发有为等特质，这些特质与紫色所传达的象征意义高度契合。紫色代表着高贵、神秘和深邃，正如绍兴人民在漫长的历史进程中所展现出的坚韧不拔、勇于探索的精神。它不仅是对过去辉煌岁月的致敬，也是对未来无限可能的展望。

### 第七天主题：只此青玉

此次一共录制了 5 条素材，选题包括：

- 只此青玉，一款有灵魂的酒
- 绍兴黄酒是绍兴的一张名片

● 为什么世界终于认可了中国的极品黄酒“只此青玉”？

## 主题视频：只此青玉，一款有灵魂的酒

谁让中国黄酒屹立世界之林，谁让世界为中国黄酒震惊？只此青玉。

古越龙山推出的这款“只此青玉”在2023年震撼了全世界。在有着“酒界诺贝尔奖”之称的世界葡萄酒与烈性酒大赛上，只此青玉让中国黄酒打了翻身仗。你知道吗？过去中国黄酒连参赛资格都没有。

古越龙山参赛黄酒在本次大赛中取得亮眼成绩，在黄酒专项全部6个金奖中包揽了4个金奖，“只此青玉”更是获得了金奖的Number One，第一名！捧得唯一的奖杯。这不仅是古越龙山的荣誉，更是拥有几千年酿造历史的中国黄酒的荣誉。

为什么世界终于认可了“只此青玉”这款中国的高端黄酒呢？有三个原因：第一，一提起中国黄酒就想到绍兴黄酒，而一提起绍兴黄酒就会想到古越龙山。古越龙山用2500年的文化和技艺传承，精心打造，终成佳酿。第二，中国目前有八位黄酒的酿造大师，其中三位在酿造只此青玉，这是一款凝聚了大师心血的酒，是真正的大师酒。第三，国际金奖中的第一名给了只此青玉，评委只有用震惊、震惊、再震惊来

评价它。只此青玉不仅蕴含着北宋文化，连它的包装也震撼了全世界，让全世界看到了中国的文化底蕴。

所以你看，“只此青玉”是黄酒界的杰作。我们的IWSC酒界诺贝尔大赛的评委们对它赞不绝口，这款酒的色、香、味和醇，让评委们感受到来自中国黄酒的与众不同，他们终于发现了中国黄酒的价值。“只此青玉”是一款为国增光的酒，它赢得的国际大奖，是世界给中国黄酒的一份肯定，每一位酿造黄酒的人都应该感到骄傲。

只此青玉，只此金奖！

# 裂变篇

# 企业内训，驶上“裂变”快车道

“短视频裂变”是指从达人模式转向大众参与模式，这意味着短视频创作不再局限于少数具备专业技能或资源的人群，而是演变为一种全民化的表达方式。企业商学院设立的“短视频裂变训练班”，旨在以小博大，将普通学员培养成短视频达人，让他们能够独立创作高质量的内容，从而为企业的品牌传播贡献力量。专注于短视频的商学院面向经销商群体，不仅能提升线下店铺的运营能力，还能提升线上营销的效果，实现线上线下双轨并行的增长模式。

通过这种方式，企业不仅能加强与经销商之间的合作关系，还能利用短视频这种新兴媒介，进一步扩大品牌的市场影响力，增强与消费者的互动，最终推动企业在数字经济时代的全面发展。

为了帮助企业和经销商成为短视频运营高手，我们致力于通过企业内训，实现三个关键裂变。

品牌的裂变：通过建立庞大的经销商账号群，形成自媒体矩阵，产生“四两拨千斤”的品牌传播效果。培训费用投入换来的是广告效益的提升，实现了高效的品牌推广。

运营闭环的裂变：实现从开源到节流的终端运营闭环，并且这个闭环会不断循环和优化，提高运营效率，降低成本。

从线上引流到线下变现的裂变：构建从线上引流到线下变现的开源运营模式，扩大营收规模，增强企业的市场竞争力。

## 案例分享

### “古越龙山华红兵营销酿造院”为线下赋能

古越龙山作为中国黄酒行业的知名品牌，一直致力于传承和发展黄酒文化，而华红兵老师作为营销专家，他所创立的营销酿造院培训班旨在帮助企业利用现代短视频营销的裂变手段实现转型与升级。

2024 年，古越龙山华红兵营销酿造院顺利开展线下培训，已成功举办两期，每期选择200多名经销商参与培训。截至第二期，已经有来自全国81个城市，超过500名经销商参与培训。

两期培训班，上千视频量。每期培训时间都只有三天两夜，在3天紧凑的培训期内，500多名剪辑新手，展现出了优秀的学习能力和创新精神。他们共同努力，创作并发布了超过5000条充满创意的视频，从短视频“素人”蜕变为运营“达人”。酿造院学员共发布5000多条视频累计播放量超2000万，单条视频最高播放量超130万。

在流量大师华红兵系统化、专业化的培训下，“古越龙山华红兵营销酿造院”为黄酒行业输送了许多具备创新精神和实战能力的人才。人人都是IP高手，这种创新的“人人制”营销模式，将个人IP带动企业品牌，用短视频赋能销售。

## （一）内训项目概述

以“短视频裂变”为目标的企业内训主要分为三个关键步骤——前期准备、现场训练和实效验证，通过“三天两夜”的紧凑安排实现高效裂变。这种模式具备两大显著优点。首先，我们为企业量身定制培训教材，针对短视频中最紧缺的文案环节，精心准备了《华红兵爆款短视频经典文案合集》上、下册，

内含超过 360 条经过市场验证的经典文案。这意味着即便每个学员每天发布一条内容，也足够持续一年之久，确保内容不断档。

其次，培训采用“流量大师 + 运营高手 + 可复制文案”三位一体的独特模式进行现场指导。在为期三天两夜的训练中，学员们将得到来自行业专家的现场指导，确保每位参与者都能深入理解、熟练掌握短视频运营的核心技巧。

最终，这一系统化的培训方案旨在打造一批既懂理论又善实战的新媒体达人，助力企业在竞争激烈的短视频领域中脱颖而出。

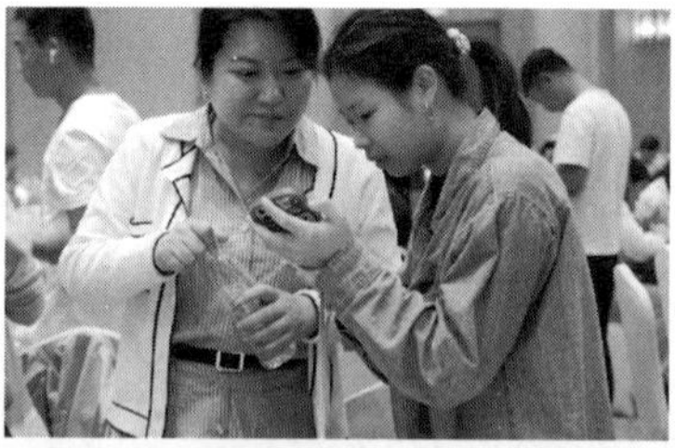
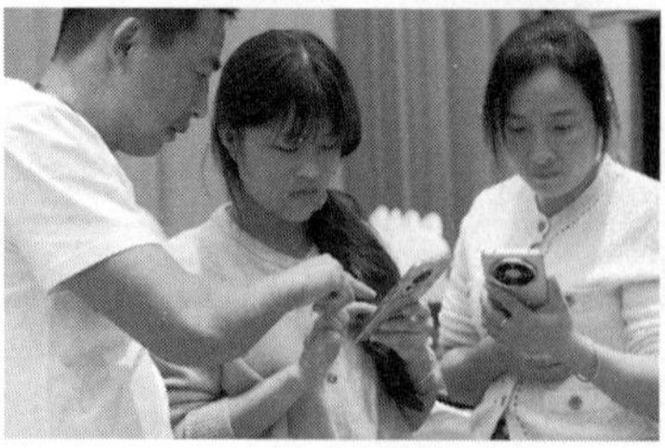

## （二）现场训练

现场训练是短视频裂变传播过程中的关键环节，分为四个重要步骤：授课、拍摄、剪辑和评估。每个步骤都旨在全面提升学员的实战能力和创作水平。

### 第一步：授课

在上午的授课环节，主讲老师系统地为学员们分享短视频创作的精髓，详细介绍十二条创意技巧和十二条文案创作方法，帮助学员掌握从构思到表达的完整流程。通过这一环节，学员能够建立起坚实的理论基础，为后续的实际操作打下良好基础。

## 第二步：拍摄

在上午的授课环节，主讲老师系统地为学员们分享短视频创作的精髓，详细介绍十二条创意技巧和十二条文案创作方法，帮助学员掌握从构思到表达的完整流程。通过这一环节，学员能够建立起坚实的理论基础，为后续的实际操作打下良好基础。

## 第三步：剪辑

许多学员从未接触过视频剪辑，完全从 0 开始学习，甚至连剪辑软件都是第一次下载。然而，在自我摸索和辅导老师的帮助下，他们勇敢地迈出了第一步，开始了剪辑尝试。

为了加速学习进程，晚自习我们采用了“高手带新手”的模式。经验丰富的辅导老师和已经掌握剪辑技巧的高手们，通过面对面的指导，手把手传授剪辑的经验和技巧。

## 第四步：评估

在为期 3 天的培训结束后，古越龙山短视频商学院依据学员们提交视频的播放量、创意和执行效果等多维度指标进行了综合评估。最终，评选出了本期的优秀学员和辅导员，并为他们举行了隆重的颁奖仪式。这种评估和奖励机制不仅促进了学员之间的良性竞争，还营造了一个积极向上的学习氛围，确保每位参与者都能从中受益，不断提升自己的专业水平。

## （三）内训成效

“古越龙山华红兵营销酿造院”项目效果显著，具体实效分为三部分。

### 实效一：“无高低”系列产品销量爆涨

古越龙山的“无高低黄酒”系列一经上市便迅速走红，成为市场焦点。在短短两个月内，该系列产品累计售出135万瓶，展现出惊人的销售势头。尤其值得一提的是，“无高低黄酒”荣登抖音商城黄酒爆款榜和人气榜榜首，上市仅一个月成交金额即突破1000万元，充分证明了其在消费者中极高的受欢迎程度。

通过这一系列的成功，古越龙山不仅巩固了其在黄酒市场的领导地位，还进一步提升了品牌的知名度和美誉度。这种市场表现不仅反映了产品本身的高品质和独特卖点，也彰显了“古越龙山华红兵营销酿造院”项目在营销策略和品牌推广方面的卓越成效。

## 实效二：学员粉丝增长与内容影响力显著提升

在第二期“古越龙山华红兵营销酿造院”培训中，学员们的社交媒体表现尤为突出，粉丝增长和内容影响力取得了令人瞩目的成绩。部分学员的日增粉丝量高达5000以上，视频播放量也实现了显著突破。尤其值得一提的是，有学员的单个视频获赞量已经突破10万大关，充分展示了他们在短视频平台上的强大吸引力和广泛影响力。

## 实效三：两期培训为古越龙山赋能巨大流量

通过“古越龙山华红兵营销酿造院”两期线下培训的成功举办，古越龙山品牌成功获得了超过15亿次的曝光量，显著提升了品牌的市场影响力和知名度。特别是在抖音平台上，品牌曝光量在短短7天内从2.5亿迅猛增长至3.5亿，展现了惊人的传播速度和广泛的社会关注。通过系统的培训和实战演练，学员们有效地将所学知识应用于实际操作，为古越龙山带来了巨大的流量红利和品牌价值的大幅提升。

2024 年 7 月 5 日抖音话题曝光度

2024 年 7 月 12 日抖音话题曝光度

这一系列成果不仅反映了古越龙山品牌在消费者心中的强大吸引力，也体现了培训项目在提升企业数字化营销能力和内容传播效率方面的卓越成效。通过系统的培训和实战演练，学员们有效地将所学知识应用于实际操作，为古越龙山带来了巨大的流量红利和品牌价值的大幅提升。

## 结 语

随着第二期“古越龙山华红兵营销酿造院”培训的圆满收官，我们不仅见证了学员们的迅速成长，也目睹了古越龙山品牌在市场上的辉煌成就。此次培训通过对新媒体营销系统的理论讲解、实战演练和个性化指导，为学员们提供了全方位的支持与帮助。

通过这次培训，我们不仅提升了学员的专业技能，还为企业带来了实实在在的流量红利和品牌价值的大幅提升。未来，我们将继续秉持这一成功的培训模式，助力更多的企业和个人在移动互联网时代实现更大的突破与发展。

# 流量大师

短视频流量密码